Reichsgerichts-Entscheidungen

in kurzen Auszügen

Herausgegeben vom

Deutschen Richterbund

Strafsachen — Band 62

1 9 2 9

München, Berlin und Leipzig

J. Schweitzer Verlag (Arthur Sellier).

Printed in Germany

Druck von Dr. F. P. Datterer & Cie., Freising-München

Von dieser Sammlung erschienen folgende Bändchen:

I. Zivilsachen:	Bd.	76—100	. . .	je RM.	0.80
	„	101—109	. . .	je RM.	1.—
	„	110—120	. . .	je RM.	2.—
Serien:	„	76—121	mit Reg. 83—119	zus. RM.	45.—
	„	81—121	mit Reg. 83—119	zus. RM.	42.—
	„	91—121	mit Reg. 83—119	zus. RM.	34.—
Gesamtregister zu Band		83—119	. . . .	RM.	6.—
II. Strafsachen:	Bd.	45—55	. . .	je RM.	0.80
	„	56—58	. . .	je RM.	1.—
	„	59—61	. . .	je RM.	2.—
Serie:	„	45—61 mit Gesamtregister zu Band 45—60	. . .	zus. RM.	18.—
Gesamtregister zu Band		45—60	. . . .	RM.	3.70

Jedes Bändchen entspricht einem Bande der amtlichen Sammlung.

1. Raumwucher. Fortgesetzte Straftat. Wechsel der Gesetzgebung. Irrtum. (StGB. §§ 2, 73; MietSchG. §§ 33, 33a, 33b, 49a; IrrtVO. von 1917.) Ein Hauseigentümer nahm Umbauten vor und erhöhte die Mietpreise, verweigerte deren Herabsetzung und nahm die Zahlung der erhöhten Preise lange Zeit entgegen. Die einzelnen Handlungen fielen teils unter die Geltung der Preistreibereiverordnung, teils unter die Geltung der Vorschriften des Mieterschutzgesetzes über den Raumwucher. Auf Grund der Feststellung, daß die vorgenommenen Umbauten nicht als solche im Sinne des Mieterschutzgesetzes anzusehen waren, erfolgte Verurteilung wegen fortgesetzten Vergehens des Raumwuchers. Das Reichsgericht verwies die Sache zurück. Das Verhalten des Angeklagten setzte sich aus einer Reihe von Einzelhandlungen zusammen, durch die verschiedene, aber gleichartige Vorschriften verletzt wurden. Sowohl die Preistreibereiverordnung (§ 4) als das Mieterschutzgesetz (§ 49a) erstreben die Erhaltung der Angemessenheit der Vergütungen für gewisse Leistungen und zwar die Preistreibereiverordnung für alle Leistungen zur Befriedigung des täglichen Bedarfs einschließlich der mietweisen Überlassung von Räumen, das Mieterschutzgesetz lediglich für die Überlassung von Räumen und Leistungen, die damit im Zusammenhang stehen. Bestand die innerhalb der Handlungsreihe des Angeklagten eingetretene Gesetzesänderung nur darin, daß die Überlassung von Räumen aus den durch die Preistreibereiverordnung betroffenen Leistungen herausgehoben und einer anderen Strafdrohung unterstellt wurde, so konnten die Einzelhandlungen, als auf einem einheitlichen Vorsatz beruhend, zu einer fortgesetzten Straftat zusammengefaßt werden. Das traf aber nicht zu. Der Tatbestand des Raumwuchers nach dem Mieterschutzgesetz zeigt gegenüber den Tatbeständen der Preistreibereiverordnung im wesentlichen die doppelte Abweichung, daß er nicht eine Leistung zur Befriedigung des eigentlichen Bedarfs voraussetzt, also den Umfang des geschützten Rechtsguts erweitert, anderseits als verboten nicht eine Vergütung, die einen übermäßigen Gewinn enthält, sondern eine als unangemessen anzusehende Vergütung bezeichnet. Demgemäß handelte es sich um die Schaffung neuer Tatbestände und damit um eine Änderung der Normen. Tritt aber während der Vornahme einer

Reihe verwandter Tätigkeitsakte eine Änderung der hiefür in Betracht kommenden Normen ein, so ist in der Regel eine Zusammenfassung der vor der Änderung und der nach der Änderung vorgenommenen Handlungen zu einer fortgesetzten Straftat nicht möglich. Jedenfalls können in den Fortsetzungszusammenhang solche Einzelheiten nicht einbezogen werden, die, für sich betrachtet, nach den zur Zeit ihrer Vornahme geltenden Vorschriften nicht verboten oder doch nicht strafbar waren. Demgemäß war zu prüfen, ob die von dem Angeklagten vor dem Inkrafttreten der Vorschriften über den Raumwucher geforderten und eingenommenen Vergütungen einen übermäßigen Gewinn enthielten. Trotz einer Änderung der Norm ist eine Zusammenfassung der vorher und nachher liegenden Einzelhandlungen zu einer fortgesetzten Straftat namentlich dann nicht ausgeschlossen, wenn auf die Handlungen zugleich die alten und die neuen Vorschriften passen und der einheitliche Vorsatz auch jene Tatumstände umfaßt hat, die im neuen Tatbestand zum Tatbestandsmerkmal erhoben worden sind. Das traf im gegebenen Fall dann zu, wenn die Einzelhandlungen sämtliche in einem Fordern oder Annehmen von Vergütungen für eine als Leistung zur Befriedigung des täglichen Bedarfs zu erachtende mietweise Überlassung von Räumen bestanden, wenn diese Vergütungen zugleich einen übermäßigen Gewinn im Sinne der Preistreibereiverordnung enthielten und als unangemessen im Sinne des Mieterschutzgesetzes anzusehen waren und wenn der Vorsatz des Angeklagten nicht nur jene Umstände, welche die Übermäßigkeit des Gewinnes begründeten, sondern auch jene, welche die Vergütungen als unangemessen erscheinen ließen, umfaßte. Aber auch soweit hiernach die Annahme eines Fortsetzungszusammenhangs rechtlich möglich war, konnte der Zusammenhang doch durch die dem Täter bekanntgewordene Erlassung einer neuen Norm tatsächlich unterbrochen werden, wenn er dadurch zu einer neuen Überlegung angeregt wurde, die mit einem neuen Vorsatz endete. War das Verhalten des Angeklagten als eine fortgesetzte, teils unter die Preistreibereiverordnung, teils unter das Mieterschutzgesetz fallende Straftat zu beurteilen, so war die einheitliche Handlung als Ganzes erst mit ihrem Abschluß begangen und nur nach dem Mieterschutzgesetz zu beurteilen; eine Verschiedenheit der Gesetze von der Zeit der begangenen Handlung bis zu ihrer Aburteilung kam nicht in Frage. Der Angeklagte hatte sich auch darauf berufen, daß er die von ihm vorgenommenen Umbauten als ausreichend für die Befreiung von den gesetzlichen Schranken der Mietpreise angesehen habe. Diese Entschuldigung konnte nur soweit beachtet werden, als die Handlungen unter die Preistreibereiverordnung fielen; auf Verfehlungen gegen das Mieterschutzgesetz findet die Irrtumsverordnung keine Anwendung. Wurde das Verhalten des Angeklagten durch Irrtum entschuldigt, so konnten die während der Geltung der Preistreibereiverordnung begangenen Handlungen nicht mit den unter das Mieterschutzgesetz fallenden zu einem fortgesetzten Vergehen zusammengefaßt werden. (I, 29. November 1927.)

Amtl. Sammlg. S. 1—6.

Vgl. Bd. 35 S. 288; Bd. 43 S. 355; Bd. 44 S. 273; Bd. 47 S. 308, 397; Bd. 50 S. 243, 346; Bd. 51 S. 171; Bd. 54 S. 299; Bd. 56 S. 54; Bd. 59 S. 262; Bd. 61 S. 130, 138.

2. **Volksentscheid. Wahlfälschung.** (StGB. § 108.) Gelegentlich des Volksentscheids über die Fürstenenteignung wurde ein leerer Stimmschein abgegeben. Der Wahlvorsteher zeichnete in das Ja-Feld ein Kreuz ein. Er wurde wegen Wahlfälschung verurteilt. Seine Revision wurde verworfen. Nach dem Wortlaut des Gesetzes ist die Herbeiführung eines unrichtigen Ergebnisses oder die Verfälschung des Ergebnisses einer Wahlhandlung strafbar. Auch Volksentscheide sind als Wahlhandlungen in diesem Sinne anzusehen; es fallen darunter alle Abstimmungen, bei denen der Stimmberechtigte vor die Wahl gestellt wird, wie er abstimmen will. Das Wahlergebnis liegt vor, sobald die Ausübung der Wahl durch die Wähler beendet ist. Durch das Anzeichnen des Kreuzes hatte der Angeklagte den Anschein erweckt, als ob für die Fürstenenteignung eine Stimme mehr abgegeben sei, als in Wirklichkeit darauf abgegeben war. Das genügte zur Erfüllung des Tatbestandes, wenn auch der Angeklagte schon vor Vollendung der Zählung die Fälschung zugegeben hat. (II, 22. Dezember 1927.) Amtl. Sammlg. S. 6—8.

Vgl. Bd. 20 S. 420; Bd. 37 S. 381; Bd. 56 S. 389.

3. **Kindstötung. Aussetzung. Vorsatz.** (StGB. §§ 217, 221.) Eine ledige Dienstmagd brachte in einem Abort un-

ehelich ein Kind zur Welt; dieses fiel in die Grube und erstickte. Sie wurde wegen Kindstötung in Tateinheit mit Aussetzung verurteilt. Ihre Revision hatte Erfolg. Daß ihr Vorsatz dahin ging, das Leben des Kindes zu vernichten, war einwandfrei festgestellt; demgemäß war der Tatbestand der vorsätzlichen Kindstötung gegeben. Tateinheit zwischen Kindstötung und Aussetzung ist möglich. Undenkbar ist es allerdings, daß jemand, der (unbedingt) einen anderen töten will, zugleich den (ebenfalls unbedingten) Willen habe, ihn durch Aussetzung nur an Leib oder Leben zu gefährden; dagegen ist es mit den Denkgesetzen vereinbar, daß der Täter auf Tötung ausgeht, dabei aber das Mittel der Aussetzung wählt mit dem bedingten Vorsatz, auf diese Weise sich wenigstens der Persönlichkeit des Ausgesetzten zu entledigen. Oder daß der Täter sich in erster Linie des Hilflosen durch Aussetzung entledigen will, dabei aber sich der Möglichkeit, hierdurch dessen Tod herbeizuführen, bewußt und damit einverstanden ist. Das Reichsgericht fand aber die Merkmale der Aussetzung nicht gegeben. Für den Fall, daß das Kind lebte, war der Tötungsvorsatz der Angeklagten unbedingt; mit der Möglichkeit, daß ihre Handlungsweise nicht den Tod des Kindes zur Folge haben, sondern nur dessen Leben gefährden werde, hatte die Angeklagte ersichtlich gar nicht gerechnet. Ebensowenig kam in Frage, daß etwa die Angeklagte zunächst und unmittelbar zwar nur den Vorsatz, das Kind zu gefährden, gehabt, aber zugleich erkannt und auf die Gefahr hin gehandelt hätte, daß ihr Tun auch den Tod des Kindes als weitergehenden Erfolg herbeiführen könne. Vielmehr war der Tod des Kindes das allein gewollte und erreichte Ziel ihres Handelns. Was der Angeklagten als Aussetzung zur Last gelegt wurde, war für sie lediglich das Mittel zur Verwirklichung ihres unmittelbaren und ausschließlichen Vorsatzes, das Leben des Kindes zu vernichten. Demgemäß mußte die Verurteilung wegen Aussetzung wegfallen. Die Sache wurde zurückverwiesen, da nunmehr die Zubilligung mildernder Umstände in Frage kam. (II, 16. Januar 1928.)

Amtl. Sammlg. S. 8—11.

Vgl. Bd. 25 S. 321; Bd. 61 S. 375.

4. **Urkundenfälschung.** (StGB. § 267.) Auf dem Abschnitt einer Postanweisung wurde das Datum des Poststempels durch Radieren unkenntlich gemacht, um eine

Täuschung über den Zeitpunkt der Absendung des Geldes herbeizuführen. Dadurch wurde der Tatbestand einer Urkundenfälschung nicht erfüllt. Eine Verfälschung wäre nur gegeben gewesen, wenn der Poststempel nach dem Radieren auf ein anderes Absendungsdatum hingewiesen hätte als zuvor; die Urkunde muß infolge des vorgenommenen Angriffs eine andere Tatsache zu beweisen scheinen als vorher. Das traf nicht zu. Der Angeklagte wollte mit seinem Vorgehen nur ein Beweismittel beseitigen, das ihn durch seinen Inhalt hinderte, für unwahre Angaben über den Zeitpunkt der Absendung des Geldes Glauben zu finden. (II, 16. Januar 1928.) Amtl. Sammlg. S. 11—13.
Vgl. Bd. 3 S. 370.

5. **Beschränkung der Berufung. Nachprüfung.** (StPO. §§ 316, 318, 327.) Gegen ein Urteil, das wegen eines Verbrechens der gewerbsmäßigen Hehlerei eine Strafe aussprach, wurde Berufung eingelegt mit der Begründung, die Strafe sei zu hoch. Das Berufungsgericht sprach den Angeklagten nur wegen eines Vergehens der Hehlerei schuldig. Die Revision des Staatsanwalts wurde verworfen. Wenn die Berufung wirksam auf die Straffrage beschränkt war, konnte die Schuldfrage nicht mehr geprüft werden; es war insbesondere nicht möglich, den straferhöhenden Umstand der Gewerbsmäßigkeit zu beseitigen. In der Erklärung des Angeklagten, daß ihm die Strafe zu hoch sei, war aber ein Verzicht auf Anfechtung der Schuldfrage nicht zu erblicken; gerade sie ist oft ein wirksames Mittel zur Erzielung einer milderen Strafe. (I, 17. Januar 1928.)
Amtl. Sammlg. S. 13—15.
Vgl. Bd. 35 S. 370; Bd. 49 S. 170; Bd. 58 S. 373; Bd. 60 S. 109.

6. **Bankprokurist. Unterschlagung. Untreue.** (StGB. §§ 246, 266; DepG. §§ 1, 2, 9, 13; BGB. §§ 164, 700.) Der Prokurist einer Bank verpfändete Wertpapiere, die von einem Kunden zur Verwahrung und Verwaltung übergeben worden waren, bei einer anderen Bank. Er wurde von der Anklage der Unterschlagung und Untreue sowie der Verfehlung gegen das Depotgesetz freigesprochen. Das Reichsgericht verwies die Sache zurück. Daß die Papiere in das Eigentum der Bank übergehen sollten, war nicht vereinbart worden; da der Kunde nicht gewerbsmäßig Bank- oder Geldwechslergeschäfte betrieb, wäre für die Er-

mächtigung zur Verpfändung der Wertpapiere eine ausdrückliche schriftliche Genehmigung notwendig gewesen. Daß bei vielen Banken die Wertpapiere der Kunden ohne deren Genehmigung verpfändet werden, machte das Verhalten des Angeklagten nicht erlaubt. Nach dem Depotgesetz war der Angeklagte allerdings nicht strafbar, da dessen Vorschriften nur auf Vollkaufleute und gewisse ihnen gleichgestellte Personen, nicht aber auf Prokuristen Anwendung finden. Auch der Tatbestand der Unterschlagung war nicht erfüllt. Hiefür ist zwar ebensowenig, wie beim Diebstahl, eine Bereicherungsabsicht erfordert und die Zueignungsabsicht kann auch dadurch betätigt werden, daß man die fremde Sache in ihrem Sachwert dem eigenen Vermögen zuführt, indem man sie einem Dritten zur eigentumsgleichen Ausnützung überträgt und dadurch über sie wie ein Eigentümer verfügt, ohne selbst daran Eigentum erlangen zu wollen; hierfür kann eine Verpfändung namentlich dann ausreichen, wenn sie vorgenommen wird mit dem Bewußtsein, daß die Möglichkeit der Wiedersetzung zweifelhaft ist. Für die Verurteilung des Angeklagten wäre aber erforderlich gewesen, daß er durch die Verpfändung die Papiere sich zueignen und deren Sachwert seinem Vermögen zuzuführen beabsichtigte. Das traf nicht zu. Das Berufungsgericht hatte auch die Annahme einer Untreue deshalb abgelehnt, weil der Angeklagte als Prokurist zu dem Kunden nicht in einem Auftragsverhältnis stand, sondern nur als Erfüllungsgehilfe der Bank mit ihm in Beziehung getreten war. Ein Vollmachtverhältnis im Sinne des bürgerlichen Rechts, kraft dessen der Angeklagte zum Vertreter des Kunden geworden wäre, lag allerdings nicht vor; er hatte nur namens der Bank für ihn tätig zu werden. Der Begriff des Bevollmächtigten im Sinne der Vorschrift über die Untreue ist aber weiter zu fassen. Er wurzelt nicht im bürgerlichen Recht und setzt eine Vertretungsmacht im Sinne des Bürgerlichen Gesetzbuches nicht voraus; vielmehr handelt es sich bei ihm um eine in dem tatsächlichen Vertrauensverhältnis beruhende und deshalb von der bürgerlich-rechtlichen Gültigkeit der Vollmacht oder dem sonst zugrunde liegenden Rechtsverhältnis unabhängige Pflicht. Dieses Treueverhältnis greift schon Platz, wenn jemand auch nur rein tatsächlich durch das Vertrauen eines anderen bestellt ist, Handlungen im Rechtssinn für ihn vorzunehmen und wenn er dadurch in die Lage versetzt wird, rechtlich oder tatsächlich über Vermögensstücke des anderen zu verfügen. Es ist insbesondere für den Tatbestand der Untreue nicht von rechtlicher Bedeutung, ob die Verfügung vom Täter im Namen des Auftraggebers oder im eigenen Namen getroffen, ob sie durch die Vollmacht überhaupt gedeckt wird; vielmehr genügt jede Verfügung, die im inneren Zusammenhang mit der tatsächlich anvertrauten Machtstellung erfolgt und durch sie erst ermöglicht wird. Die Inhaberin des Bankgeschäfts war schon alt und hatte dieses dem Angeklagten zur selbständigen Leitung überlassen; wenn den Kunden das bekannt war und sie demgemäß bei der Erteilung ihrer Aufträge wußten, daß es in Wirklichkeit von der Vertrauenswürdigkeit des Angeklagten abhing, wie über ihre der Bank zur Verwahrung und Verwaltung anvertrauten Wertpapiere verfügt wurde, reichte das aus, um ihn als Bevollmächtigten der Kunden erscheinen zu lassen. (II, 19. Januar 1928.) Amtl. Sammlg. S. 15—22. Vgl. Bd. 11 S. 68; Bd. 41 S. 265; Bd. 47 S. 324; Bd. 49 S. 72, 140; Bd. 52 S. 147; Bd. 55 S. 257; Bd. 57 S. 166; Bd. 61 S. 1, 174; RGZ. Bd. 108 S. 405.

7. **Notwendige Verteidigung.** (StPO. §§ 140, 141, 150, 338.) Einer wegen schwerer Urkundenfälschung angeklagten Frau wurde auf ihren Antrag ein Rechtsanwalt als notwendiger Verteidiger beigegeben. Er wurde auch zur Berufungsverhandlung geladen, war aber während der ganzen Beweisaufnahme nicht anwesend. Die hierauf gestützte Revision wurde verworfen. Ein Fall der notwendigen Verteidigung lag nicht vor, da die Angeklagte den Antrag auf Beiordnung eines Verteidigers nicht innerhalb der gesetzlichen Frist gestellt hatte. Die Bestellung des Verteidigers wirkte nur für die erste Instanz. Dem Angeklagten steht kein unentziehbarer Anspruch darauf zu, einen für die erste Instanz ihm beigeordneten Verteidiger auch in den höheren Instanzen zu behalten. (II, 23. Januar 1928.) Amtl. Samml. S. 22—23.

8. **Ortskrankenkasse. Beamter.** (StGB. § 359; VersO. § 404.) Die Ortskrankenkassen sind zwar Körperschaften des öffentlichen Rechts, aber nicht organisch in die Verfassung des Staates eingegliedert, nicht zur Ausübung staatlicher Aufgaben berufen. Dadurch, daß der Staat ihre Verwaltung gesetzlich geordnet hat, sind sie keine staatlichen

Anstalten geworden. Ihre Angestellten sind daher keine Beamten im staatsrechtlichen Sinne, auch nicht, wenn ihnen die Rechte und Pflichten von Staatsbeamten verliehen sind. Ein öffentlich-rechtliches Dienstverhältnis kommt durch eine solche Gleichstellung nicht zustande. Die Beamteneigenschaft im strafrechtlichen Sinne kann allerdings auch ohne Begründung eines öffentlich-rechtlichen Dienstverhältnisses erworben werden durch die Übertragung von Dienstverrichtungen, die aus der Staatsgewalt abzuleiten sind und staatlichen Zwecken dienen, mithin das Wesen öffentlicher Amtstätigkeit haben, ohne daß es sich gerade um Obliegenheiten handeln müßte, die nur von einem öffentlichen Beamten mit rechtlicher Wirksamkeit vorgenommen werden könnten oder um die Übertragung der Ausübung von Rechten, die ihrer Natur nach staatliche Hoheitsrechte sind. In einem solchen Fall muß aber die Berufung zum Dienst von einer zuständigen staatlichen Stelle ausgehen, was bei den Angestellten der Krankenkassen nicht zutrifft. Nur dann, wenn Angestellte vom Versicherungsamt als Vollstreckungsbeamte bestellt werden, ist ihnen die Ausübung von staatlichen Hoheitsrechten übertragen, von Obliegenheiten, die nur von öffentlich-rechtlichen Beamten wirksam vorgenommen werden können. (III, 2. Februar 1928.) Amtl. Sammlg. S. 24—28.

Vgl. Bd. 31 S. 293; Bd. 35 S. 325; Bd. 38 S. 17; Bd. 60 S. 139; RGZ. Bd. 99 S. 265.

9. **Brandstiftung. Kohlenmeiler.** (StGB. § 308.) Ein in einem Wald hergerichteter Kohlenmeiler wurde unter teilweiser Zerstörung der für die Regelung der Luftzufuhr bestimmten Vorrichtungen derart angezündet, daß er zu Asche verbrannte. Die Verurteilung wegen Brandstiftung wurde vom Reichsgericht bestätigt. Der Kohlenmeiler war als Vorrat von Brennmaterialien anzusehen. Unter Vorrat ist eine nicht ganz unerhebliche, zum Zwecke zukünftigen Gebrauchs oder Verbrauchs vereinigte Menge von Gegenständen zu verstehen. Ob eine Menge als erheblich angesehen werden kann, ist nach den Umständen des Falles zu entscheiden. Die Aussonderung einer bestimmten Menge aus einem größeren Vorrat zum Zwecke alsbaldiger Verwendung hindert nicht, auch diese Menge noch als Vorrat anzusehen, soferne sie nur nicht ganz unbedeutend ist. Die zum Kohlenmeiler aufgeschichtete Holzmenge war ihrer

Zweckbestimmung, verbrannt zu werden, noch nicht zugeführt gewesen; der Eigentümer hatte noch nicht einmal die zur Erzeugung von Kohlen dienende unvollständige Verbrennung eingeleitet, geschweige denn den Vorrat seiner endgültigen Zweckbestimmung zugeführt. Das aufgeschichtete Holz war auch als Brennmaterial anzusehen. Darunter versteht man nach allgemeinem Sprachgebrauch Körper organischen Ursprungs, deren Zusammensetzung und Beschaffungspreis ihre Verwendung zur Erzeugung von Wärme durch Verbrennung für gewerbliche und häusliche Zwecke ermöglicht. Holzvorräte kommen als Brennmaterialien in Betracht, soweit sie nicht zur Verwendung als Bau- oder Nutzholz bestimmt sind. Die Erzeugung von Wärme durch Verbrennung für gewerbliche oder häusliche Zwecke erfordert eine möglichst vollkommene Verbrennung, bei welcher durch Erhitzung unter Luftzutritt eine möglichst vollständige Verbindung des Wasserstoffs mit Sauerstoff zu Wasserdampf und des Kohlenstoffs mit Sauerstoff zu Kohlensäure stattfindet und im wesentlichen nur Asche zurückbleibt. Im Gegensatz hiezu werden bei der Erzeugung von Holzkohlen durch Erhitzung unter mehr oder minder vollkommenem Abschluß der Luft nur der Wasserstoff, der Sauerstoff und sonstige Gase zum größten Teil entführt, während der Kohlenstoff mit mehr oder minder starken Resten von Wasserstoff, Sauerstoff, Stickstoff und Asche in Gestalt von Kohle zurückbleibt. Beim Kohlenmeilerbetrieb wird die Verbrennung durch Regelung des Luftzutritts in der Weise geleitet, daß nur soviel Brennmaterial verbrennt, als erforderlich ist, um die gesamte Holzmasse auf die Verkohlungstemperatur zu erhitzen; im wesentlichen sollen nur die aus dem erhitzten Holz entweichenden Gase verbrennen. Der Verkohlungsvorgang ist also eine unvollständige Verbrennung. Die Holzkohle kann zu verschiedenen Zwecken verwendet werden, wird aber vorwiegend wieder als Brennmaterial zur Erzeugung von Hitze ohne Rauch- und Flammenbildung benutzt. Wird eine nicht unerhebliche Menge von Holz zu dem Zweck vereinigt, um zunächst in eine andere Form von Brennmaterial überführt und dann als solche verwendet zu werden, so kann eine solche Holzmenge sehr wohl als ein Vorrat von Brennmaterial erachtet werden. (I, 10. Februar 1928.)

Amtl. Sammlg. S. 28—30.

Vgl. Bd. 13 S. 218.

10. Verkaufskommission. Untreue. Unterschlagung. Eigentumsvorbehalt. Besitzkonstitut. (StGB. §§ 246, 266; BGB. §§ 181, 930; BörsG. § 95.) Eine Ware wurde zum kommissionsweisen Verkauf übergeben; dabei wurde nicht nur das Eigentum vorbehalten, sondern auch vereinbart, daß der Erlös aus der Ware sofort auf den Eigentümer übergehen solle. Der Kommissionär behielt einen Teil der eingenommenen Gelder für sich. Das Berufungsgericht sprach ihn von der Anklage der Untreue und Unterschlagung frei. Das Reichsgericht verwies die Sache zurück. Der Wille beider Teile ging erkennbar dahin, daß der Auftraggeber sich in weitgehendem Maße gegen untreues Verhalten des Kommissionärs sichern wollte, indem ihm sowohl an der Ware als an den Ersatzwerten, die an deren Stelle treten, ein unmittelbares Recht zustehen sollte. Das konnte in dem Sinne zu verstehen sein, daß die vom Kommissionär zu erwerbenden Kaufpreisforderungen von vorneherein auf den Auftraggeber übergehen, mit ihrer Entstehung für diesen erwachsen sollten. Das Berufungsgericht hatte die Vereinbarung in dem Sinne ausgelegt, daß der Erlös aus den Waren mit dem Empfang durch den Angeklagten für den Auftraggeber erworben werden sollte; es hatte also dieser Vereinbarung nur obligatorische Bedeutung beigelegt. Das erklärte das Reichsgericht für verfehlt. Wenn der Beauftragte die zunächst zu eigenem Rechte erworbenen Sachen nachträglich im Wege eines Besitzkonstituts, das er mit sich selbst vornimmt, auf den Eigentümer überträgt, ist ein den dinglichen Akt verkörpernder äußerer Vorgang notwendig. Im vorliegenden Fall hatten die Beteiligten untereinander vorweg den Eigentumsübergang vereinbart und ihn in den Zeitpunkt des Erwerbs durch den Kommissionär verlegt, so daß durch diesen dinglichen Akt das Eigentum durch Vermittlung des Kommissionärs auf den Auftraggeber übergehen sollte. Die Möglichkeit eines solchen Eigentumsübergangs durch vorweggenommenes Besitzkonstitut ist rechtlich gegeben. Das besondere Rechtsverhältnis, das den mittelbaren Besitz des Auftraggebers begründet, liegt in der Treupflicht des Kommissionärs zur Verwahrung der empfangenen Gelder. Die Annahme des Berufungsgerichts, der Angeklagte habe das Eigentum an dem Erlös erwerben müssen, weil man die Vereinbarung eines besonderen Verwahrungsver-

trags unterlassen habe, beruhte auf einer Verkennung des Geschäfts. Indem der Angeklagte das Geld für seinen Auftraggeber erwarb, entstand für ihn auch die Pflicht, das fremde Eigentum bis zur Abführung an die Auftraggeberin zu treuen Händen zu verwahren, insbesondere es gesondert von seinem Vermögen zu halten. Der Angeklagte konnte also Untreue entweder an der Kommissionsware oder an deren Erlös oder endlich (falls die Abtretung als vereinbart anzunehmen war) an den Kaufpreisforderungen begehen. In den beiden ersten Fällen konnte mit der Untreue Unterschlagung rechtlich zusammentreffen. Welcher der drei Fälle in Betracht kam, hing davon ab, ob der strafbare Vorsatz des Täters sich auf eine untreue Verfügung über die Ware oder über den Erlös oder über die Forderung auf diese bezog. Soweit es sich um die Frage der Untreue handelte, war es für den vorliegenden Fall ohne Belang, ob sie an dem einen oder anderen der genannten Vermögensstücke des Auftraggebers begangen wurde. Für die Verurteilung wegen Untreue war Voraussetzung, daß dem Angeklagten gewinnsüchtiges Handeln zur Last fiel; wenn das nicht zutraf, war seine Handlung nach dem Börsengesetz zu beurteilen, das auch für den kaufmännischen Gelegenheitskommissionär gilt und nur erfordert, daß der Täter bei der Ausführung eines Auftrags oder bei der Abwicklung eines Geschäfts absichtlich zum Nachteil des Kommittenten handelt. Das Berufungsgericht hatte den inneren Tatbestand verneint, weil der Angeklagte die Absicht gehabt habe, das verbrauchte Geld zu ersetzen. Die Erstattungsabsicht ändert aber an der Strafbarkeit unbefugter Verwendung fremden Vermögens nichts. Auch eine vor der Verwendung bestehende Erstattungsabsicht schließt weder den Vorsatz der Untreue noch den der Unterschlagung aus, da zu beiden nicht mehr erforderlich ist als das Bewußtsein des Täters, daß er unbefugt über fremde Vermögenswerte verfügt. (III, 13. Februar 1928.) Amtl. Sammlg. S. 31—33.
Vgl. Bd. 61 S. 341; RGZ. Bd. 55 S. 234; Bd. 58 S. 72; Bd. 67 S. 166; Bd. 92 S. 238.

11. Kaufmännischer Lehrer. Unzüchtige Handlung. (StGB. § 174; HGB. § 76.) In einem Kaufhaus nahm der Sohn eines Mitinhabers an Lehrmädchen unzüchtige Handlungen vor. Seine Verurteilung wurde bestätigt. Das

Reichsgericht entschied insbesondere, daß er als kaufmännischer Lehrer anzusehen war. Die Mädchen wurden in dem Kaufhaus als Verkäuferinnen ausgebildet; der Angeklagte hatte ihre Arbeiten beaufsichtigt, sie gelobt oder getadelt, sie in kaufmännischen Geschäften unterwiesen. Die Inhaber des Kaufhauses wußten das und waren damit einverstanden; daß er ausdrücklich als deren Vertreter für die Ausbildung der Mädchen bestellt worden war, stand nicht fest, war auch nicht nötig. Die Lehrmädchen waren seiner geistigen und sittlichen Einwirkung nicht nur deshalb unterworfen, weil er als Sohn des einen Inhabers für sie eine Respektsperson war, sondern weil sie für ihren künftigen Beruf von ihm lernen wollten. Darnach bestand zwischen ihm und den Mädchen das Autoritätsverhältnis des Lehrers gegenüber Lernenden. (I, 14. Febr. 1928.) Amtl. Sammlg. S. 33—35.

Vgl. Bd. 10 S. 348; Bd. 34 S. 312.

12. Einfuhrverbot. Ruhreinbruch. Irrtum. Notstand. (BranntwMonG. § 3; VZG. § 134; RAbgO. § 358; StGB. § 59.) Branntwein darf in das Deutsche Reich nur mit Erlaubnis der Monopolverwaltung eingeführt werden Während des Ruhreinbruchs wurde Branntwein ohne solche Erlaubnis und auch ohne Genehmigung der Besatzungsmächte in das besetzte Gebiet verbracht. Das Reichsgericht hob die Verurteilung hiewegen auf und verwies die Sache zurück. Die Geltung der Vorschriften über die Einfuhr von Branntwein war für das besetzte Gebiet nicht aufgehoben worden. Die von den Besatzungsmächten erlassenen Sonderverordnungen hatten keine rechtliche Gültigkeit, wurden von Deutschland niemals als zu Recht bestehend anerkannt, schufen nur auf Grund der Machtverhältnisse eine tatsächliche Lage. Die von der Reichsregierung gegen die Maßnahmen der Einbruchsmächte erlassenen Verordnungen ließen sich auf die Dauer nicht durchführen und wurden schließlich durch eine Verordnung vom 27. September 1923 formell aufgehoben. In einer Entschließung vom 10. Oktober 1923 sprach dann der Reichsminister der Finanzen aus, daß eine nochmalige Erhebung von Zöllen und Verbrauchssteuern durch deutsche Zollstellen nicht in Frage komme, wenn die Abgaben nachweisbar an die Zollkasse der Einbruchmächte gezahlt worden seien. Der Präsident der Reichsmonopolverwaltung erließ zwei Kundgebungen vom 3. und 8. Dezember 1923, worin erklärt war, daß Branntwein, dessen Einfuhr in das besetzte Gebiet von den Besatzungsmächten genehmigt worden sei, nicht als unrechtmäßig eingeführte Ware angesehen werde, aber nicht in das unbesetzte Gebiet eingeführt werden dürfe. Damit war die Einfuhr nachträglich erlaubt worden. Das Verhalten der Angeklagten wurde aber hierdurch nicht gedeckt, da sie den Branntwein ohne Genehmigung der Besatzungsmächte eingeführt und an diese auch keinen Zoll entrichtet hatten. Sie hatten sich darauf berufen, daß sie es für vaterländische Pflicht erachtet hätten, den Besatzungsmächten die von ihnen angestrebten Einnahmen vorzuenthalten. Diese Verteidigung war vom Gesichtspunkt des Irrtums aus zu prüfen. Nach dem Vereinszollgesetz (§ 134) muß zur Verurteilung wegen Einfuhrverbots festgestellt werden, daß der Einführende die Vorschrift und zwar in ihrer Eigenschaft als eines verbindlichen Verbots der Einfuhr kannte. War Branntwein in Unkenntnis des Einfuhrverbots in das besetzte Gebiet gebracht worden, so konnte eine Bestrafung wegen Übertretung des deutschen Einfuhrverbots auch dann nicht erfolgen, wenn der Branntwein in der Folge, entgegen der ursprünglichen Absicht der Einführenden, in das unbesetzte Gebiet weiter befördert wurde; die Einführung in das deutsche Zollgebiet war mit der Verbringung der Ware über die Zollgrenze vollendet und beendet. Das gleiche hatte für die Pflicht zur Zahlung des Monopolausgleichs zu gelten. Die Unkenntnis dieser Pflicht schloß als ein Irrtum über den Inhalt des materiellen Steuerrechts, also ein außerstrafrechtlicher Irrtum, den Tatbestand einer vorsätzlichen Steuerverkürzung aus; auch eine fahrlässige Steuerverkürzung war nach den Kundgebungen der Monopolverwaltung nicht anzunehmen. Nach der Anlage III Art. 4 zum Londoner Schlußprotokoll wurden die nach den Vorschriften der Besatzungsmächte bestimmten Einfuhrabgaben dem Generalagenten für Reparationszahlungen überwiesen, kamen also dem Deutschen Reich zugute. Mit dieser Regelung hörte die Sachlage auf, aus der die Geschäftswelt des besetzten Gebiets möglicherweise hatte die Meinung schöpfen können, daß eine Hintergehung der Zollverwaltung der Besatzungsmächte im Ergebnis dem Deutschen Reich von Nutzen sei und im Stillen von der deutschen Regierung gewünscht werde. Von da an war auch die Annahme nicht mehr gerechtfertigt, daß eine sich nicht nach den Vorschriften des Deutschen Reichs vollziehende Einfuhr von Branntwein in das besetzte Gebiet zugelassen werde. Auch nach dieser Richtung aber war zu prüfen, ob die Angeklagten diese Änderung der Verhältnisse kannten. Außerdem mußte noch das Vorliegen eines übergesetzlichen Notstandes gewürdigt werden. Durch den Ruhreinbruch war für das besetzte Gebiet eine außerordentlich schwierige Lage geschaffen worden. Das Wirtschaftsleben mußte seinen Fortgang nehmen und wenn gewisse Waren, welche die Wirtschaft brauchte, nicht anders zu erlangen waren als mit Genehmigung der Besatzungsmächte, so konnte das nicht schlechthin nach den rechtlich weiter geltenden deutschen Bestimmungen beurteilt werden. Unter den ganz ungewöhnlichen Verhältnissen, um die es sich hier handelte, konnte nur eine Abwägung der Güter die Entscheidung darüber geben, ob und inwieweit die formelle Übertretung des deutschen Verbotsgesetzes die dafür angedrohte Strafe nach sich zog. (I, 21. Februar 1928.) Amtl. Sammlg. S. 35—48.

Vgl. Bd. 61 S. 254, 263.

13. Zollrechtliche Ordnungsstrafe. Tateinheit. (StGB. § 73; VZG. §§ 152, 158; BranntwMonG. § 158; RAbgO. §§ 359, 360, 367, 377, 383.) Ein Kaufmann, der Branntwein aus dem Ausland ohne die erforderlichen Anmeldungen eingeführt, den Zoll aber ordnungsgemäß entrichtet hatte, wurde wegen Übertretung der Zollvorschriften zu einer Ordnungsstrafe verurteilt. Auf die Revision der Zollbehörde wurde die Sache zurückverwiesen zur Prüfung, ob nicht auch den Vorschriften über die Entrichtung des Monopolausgleichs zuwidergehandelt worden war. War das wegen Unerweislichkeit des Hinterziehungsvorsatzes zu verneinen und konnte alsdann, da die Abgabe nicht verkürzt worden war, auch keine Bestrafung wegen deren Gefährdung eintreten, so war doch unverkennbar der äußere Tatbestand einer Zuwiderhandlung gegen die Reichsabgabenordnung (§ 377) gegeben, so daß im Falle der Schuldhaftigkeit die Verurteilung des Angeklagten auch wegen dieses Steuervergehens geboten war. Die Strafe war alsdann, da sich die Sondervorschrift des Vereinszollgesetzes (§ 158) nur auf Konterbande und Defraudation, also nicht auf bloße Ordnungswidrigkeiten bezieht, wegen der vorliegenden Tateinheit zwischen der Zoll- und der Steuerzuwiderhandlung ausschließlich nach der Reichsabgabenordnung zu bemessen. (II, 23. Februar 1928.)

Amtl. Sammlg. S. 48—49.
Vgl. Bd. 61 S. 81, 87, 89, 91.

14. Branntweinmonopol. Einziehung. Werterfatz. Hehlerei. Gutgläubiger Erwerb. (BranntwMonG. §§ 128, 147; RAbgO. § 368, 379, 380; VZG. § 154.) Branntwein wurde unter Umgehung des Monopols veräußert. Der Erwerber wurde wegen Monopolhehlerei verurteilt; soweit eine Einziehung nicht möglich war, wurde eine Werterfatzstrafe ausgesprochen. Die Einziehung wurde vom Reichsgericht auch für den Fall als zulässig erklärt, daß der Angeklagte den Branntwein gutgläubig erwarb; Voraussetzung für sie ist nur, daß eine Hinterziehung begangen worden ist. Nach dem Vereinszollgesetz liegt die Sache anders; dort ist die Einziehung zwar zulässig, wenn die Gegenstände zur Zeit der Begehung der Hinterziehung nicht im Eigentum des Täters, sondern eines anderen standen, aber nicht mehr dann, wenn das Eigentum nach der Begehung der Hinterziehung und vor der Beschlagnahme auf einen gutgläubigen Dritten übergegangen ist. Nach der Reichsabgabenordnung kann dagegen bei Steuerhinterziehung auf Einziehung erkannt werden, gleichviel, wem die Gegenstände zur Zeit des Urteils gehören; das Eigentum an den eingezogenen Sachen geht mit der Rechtskraft des Urteils auf das Reich über und Rechte dritter Personen erlöschen. Die Vorschriften des bürgerlichen Rechts über den gutgläubigen Erwerb gelten nur für den Fall, daß dieser nach der Rechtskraft des Urteils eingetreten ist. Allerdings dient die Einziehung nach dem Branntweinmonopolgesetz nicht als vorbeugende gesetzliche Maßnahme, sondern als Nebenstrafe; dem Eigentümer gegenüber, der an der Tat nicht beteiligt ist, bedeutet sie ein Einstehenmüssen mit der von der Straftat betroffenen und mit einem Makel behafteten Sache für die strafbare Handlung eines anderen, eine dingliche, strafrechtliche Haftung. Daran hindert auch das vernunftwidrig erscheinende Ergebnis nichts, daß die zum Nachteil des gutgläubigen Erwerbers erfolgende Einziehung den Täter vor der Verurteilung zum Werterfatz bewahrt; der Gesetzgeber wollte eben dem Fiskus die Entschädigung durch Übertragung des Eigentums an der von der Straftat betroffenen Sache sichern und den Eigentümer auf die Rückgriffsrechte verweisen. Im Gegensatz zur Einziehung kann die Wertersatzstrafe nur gegen Täter und Teilnehmer oder Hehler, nicht aber gegen gutgläubige Erwerber ausgesprochen werden. Die dingliche Haftung des gutgläubigen Erwerbers eines mit dem Makel einer Hinterziehung behafteten Gegenstandes ist an diesen Gegenstand selbst geknüpft; wer einen solchen Gegenstand gutgläubig erworben und weiterveräußert hat, haftet nicht mehr. (I, 27. Januar 1928.)

Amtl. Sammlg. S. 49—53.

Vgl. Bd. 30 S. 413.

15. Strafantrag. Stempelunterschrift. Schriftform. (StPO. § 158.) Ein nur unterstempelter Strafantrag ist gültig. Soweit das Gesetz nicht besondere Anforderungen aufstellt, liegt in dem Erfordernis der Schriftlichkeit nichts weiter, als daß sich neben dem Inhalt der Erklärung, die abgegeben werden soll, die Person, von der sie ausgeht, aus dem Schriftstück ergibt. Daß sich der Urheber der Erklärung gerade durch deren Unterzeichnung mit seinem Namen als solcher zu erkennen geben muß, läßt sich aus dem Erfordernis der Schriftlichkeit nicht herleiten; das kann auch an einer anderen Stelle der Erklärung und auch auf andere Weise als durch Namensnennung geschehen. Es ist auch nicht nötig, daß jener, der eine Erklärung niederschreibt, der ist, in dessen Namen sie erfolgt; für die Wirksamkeit eines Strafantrags genügt es, wenn ein Dritter den Antrag im Einverständnisse des Antragsberechtigten niederschreibt und mit dessen Namen unterzeichnet. Demgemäß fehlt es an einem ausreichenden Grund für die Unterstellung, daß das Gesetz unter einer schriftlichen Erklärung nur eine solche verstanden wissen will, bei welcher der Erklärende die Unterschrift unmittelbar mit der Hand durch Schriftzüge hergestellt hat, nicht aber eine solche, bei welcher er sich zur Herstellung der Unterschrift eines der im Verkehrsleben bei der Abgabe schriftlicher Erklärungen üblichen mechanischen Vervielfältigungsmittel (Schreibmaschine oder Stempelabdruck) bediente. (II, 23. Februar 1928.) Amtl. Samml. S. 53—55.

Vgl. Bd. 3 S. 442; Bd. 6 S. 69; Bd. 17 S. 256.

16. **Meineid. Gefahr strafrechtlicher Verfolgung. Strafermäßigung.** (StGB. § 157.) Eine Frau erhob gegen ihren Mann Klage auf Scheidung wegen ehewidrigen Verhaltens. Er widersetzte sich der Klage nicht, beantragte aber, auch die Frau für mitschuldig zu erklären. Das Urteil erging in diesem Sinne. Die Mitschuld der Frau wurde in einem Liebesverhältnis gefunden, das sie mit einem Freunde ihres Mannes unterhielt. Dieser beschwor als Zeuge, daß er mit der Frau keinen Geschlechtsverkehr gehabt habe. In einem gegen ihn eingeleiteten Strafverfahren wegen Meineids machte die Frau die gleiche eidliche Aussage. Sie wurde wegen Meineids verurteilt; ihre Revision, die darauf gestützt war, daß ihr wegen der Gefahr strafrechtlicher Verfolgung im Falle der Angabe der Wahrheit eine Strafermäßigung hätte zugebilligt werden müssen, wurde verworfen. Es bestand allerdings die Möglichkeit, daß auf das Bekenntnis der Wahrheit hin der Freund ihres Mannes wegen Meineids verurteilt werde, daß ihr Mann eine Restitutionsklage gegen das Scheidungsurteil erhob, Verurteilung wegen Ehebruchs erwirkte und gegen sie Strafantrag wegen Ehebruchs stellte. Nach der feststehenden Rechtsprechung des Reichsgerichts kommt es nur darauf an, ob die Voraussetzungen für die Gefahr einer Verfolgung bestehen, nicht aber darauf, ob der Schwörende sich dieser Gefahr bewußt ist und von ihr bei der Eidesleistung geleitet wird; es ist auch nicht eine naheliegende Gefahr vorausgesetzt, vielmehr genügt eine ferne Möglichkeit. Das darf aber nicht so weit ausgedehnt werden, daß auch eine fernste, eben noch denkbare Möglichkeit einer solchen Gefahr zu berücksichtigen wäre; es muß eine Sachlage derart gegeben sein, daß mit ihr nach den Erfahrungen des Lebens im allgemeinen gerechnet und ihr beim Entschluß zum Handeln eine Bedeutung beigemessen wird. Nach dem Verhalten des Mannes im Scheidungsprozeß war anzunehmen, daß er mit dem Scheidungsbegehren seiner Frau einverstanden war und wenig Gewicht darauf legte, auf welcher Rechtsgrundlage die Scheidung ausgesprochen wurde; das ergab sich schon daraus, daß er keine Widerklage erhob. Die Möglichkeit, daß er nach der Feststellung des Meineids seines Freundes eine Scheidung seiner Ehe wegen Ehebruchs anstreben würde, lag so ferne, daß die Frage verneint werden mußte, ob die Angabe der

Wahrheit der Frau eine Verfolgung wegen Ehebruchs zuziehen konnte. (I, 28. Februar 1928.)

Amtl. Sammlg. S. 55—57.

Vgl. Bd. 58 S. 376; RGZ. Bd. 55 S. 247; Bd. 115 S. 3.

17. **Untreue an eigenen Sachen. Stellvertretung. Besitzkonstitut.** (StGB. § 266; BGB. §§ 281, 667, 675.) Ein Hausbesitzer, der Geld nötig hatte, errichtete auf seinem Anwesen eine Eigentümergrundschuld und gab den Brief einem Unterhändler zum Verkauf. Dieser verbrauchte das erzielte Geld für sich und wurde wegen Untreue verurteilt. Seine Revision wurde verworfen. Nach dem Vertrag zwischen dem Grundstückseigentümer und dem Angeklagten sollte dieser, nicht der Angeklagte, Eigentümer des durch den Verkauf des Grundschuldbriefes erzielten Geldes werden. Daß der Angeklagte zeitweilig Eigentümer des Geldes hätte sein sollen, lag so außerhalb des Zweckes des Geschäfts, daß es besonders hätte vereinbart werden müssen. Ob eine offene Stellvertretung vorlag, so daß der Angeklagte auch im Namen seines Auftraggebers handelte, oder ob der Übergang des Eigentums sich durch ein vorweggenommenes Besitzkonstitut (die Vereinbarung, daß der Angeklagte das Geld für den Auftraggeber in Empfang nehmen und verwahren sollte) vollzog, konnte dahingestellt bleiben. Auch wenn aber der Angeklagte Eigentümer des Geldes geworden wäre, hatte sein Auftraggeber gegen ihn Ausspruch auf Übergabe gerade dieses Geldes, nicht nur eine rechnungsmäßig bestimmte Geldforderung; an diesem Anspruch konnte der Angeklagte eine Untreue begehen, wenn er darüber eine Verfügung traf, die im inneren Zusammenhang mit der tatsächlich anvertrauten Machtstellung erfolgte und erst durch sie ermöglicht wurde. Eine Verfügung in diesem Sinne ist bei Forderungen schon eine tatsächliche Einwirkung, durch die dem Gläubiger die Verwirklichung seines Rechtes entzogen wird. Das Bedürfnis des modernen Verkehrs drängt häufig dazu, zwecks leichterer Abwicklung von Aufträgen Vermögenswerte (Sachen, Forderungen, Rechte) des Auftraggebers formell auf den Beauftragten zu übertragen, damit dieser auf seinen eigenen Namen andere Vermögenswerte dafür erwerbe und sie dem Auftraggeber ausantworte. Bürgerlich-rechtlich ist in einem solchen Fall der Beauftragte Träger des Vermögensrechts; im Innenverhältnis aber erwirbt er die Ver-

mögenswerte sowohl von dem Auftraggeber wie für ihn nur fiduziarisch aus dem Treueverhältnis heraus; sie gehören wirtschaftlich in das Vermögen des Auftraggebers. Rechtlich findet dieses Verhältnis seinen Ausdruck in dem aus dem Auftrag erwachsenden Anspruch des Geschäftsherrn auf auftragsgemäße Verwendung der übertragenen und auf Ausantwortung der erlangten Vermögensrechte. Nach beiden Richtungen kann sich der Beauftragte einer Untreue schuldig machen. So ist Untreue auch schon in einem Falle angenommen worden, in dem der Beauftragte das ihm von seinem Auftraggeber übereignete Geld auftragswidrig für sich verbrauchte. Dadurch wird nicht schon die Nichterfüllung einer Vertragspflicht zur Untreue gestempelt. Auf bloß rechnerisch festzustellende Geldforderungen des Auftraggebers an den Bevollmächtigten finden diese Ausführungen keine Anwendung, weil es insoweit an einem konkreten Gegenstand der Treupflicht fehlt und weil die bloße Nichtbezahlung einer Schuld keine Verfügung über das Forderungsrecht enthält. Anderseits ist es für den Tatbestand der Untreue ohne Bedeutung, daß der Auftraggeber einen Anspruch auf Schadenersatz oder auf Herausgabe des für einen veruntreuten Vermögenswert erlangten Ersatzes bekommt. (III, 1. März 1928.)

Amtl. Sammlg. S. 58—61.

Vgl. Bd. 20 S. 358; Bd. 56 S. 121; Bd. 61 S. 65, 78, 174, 228.

18. Straflose Nachtat. Ne bis in idem. Reformatio in peius. (StGB. §§ 246, 263; StPO. § 357.) Ein Mann bestimmte eine Frau, sich durch betrügerische Vorspiegelungen von Fahrradhändlern Fahrräder unter Eigentumsvorbehalt übergeben zu lassen und veräußerte diese weiter. Er wurde wegen Anstiftung zum Betrug und wegen Unterschlagung verurteilt. Das Reichsgericht hob die Verurteilung wegen Unterschlagung auf. Die Veräußerung bildete keine neue strafbare Handlung, sondern eine straflose Nachtat; sie wurde von der Strafe mit umfaßt, die für die Begehung der ersten Tat auszusprechen war. Die Sache wurde zurückverwiesen zur Prüfung, ob nicht die Strafe wegen Anstiftung zum Betrug zu erhöhen war. Der Umstand, daß nur der Angeklagte Revision eingelegt hatte, stand einer solchen Erhöhung nicht entgegen, nur durfte keine höhere Strafe ausgesprochen werden als vorher für die Anstiftung zum Betrug und für die Unterschlagung zusammen. (I, 2. März 1928.)

Amtl. Sammlg. S. 61—63.

Vgl. Bd. 39 S. 244; Bd. 48 S. 290; Bd. 57 S. 43.

19. **Revisionsgericht. Militärstrafsachen.** (GVG. §§ 121, 135; RG. vom 17. Aug. 1920 §§ 19, 24.) Das Urteil eines Kriegsgerichts wurde sowohl vom Gerichtsherrn als vom Angeklagten mit Berufung angegriffen. Bevor über die Berufungen entschieden war, wurde ein anderes Urteil rechtskräftig, das den Angeklagten zur Dienstentlassung verurteilte. Durch die große Strafkammer des Landgerichts wurden beide Berufungen verworfen. Das Reichsgericht erklärte sich für die Behandlung der Revision des Angeklagten als zuständig. Das angefochtene Urteil war von der großen Strafkammer des Landgerichts erlassen; ob diese dafür zuständig war, unterlag nicht der Prüfung. Die Revision gegen die Urteile der großen Strafkammer geht aber für die Regel an das Reichsgericht; ein Ausnahmefall lag nicht vor. (III, 19. März 1928.)

Amtl. Sammlg. S. 63—64.

Vgl. Bd. 34 S. 255.

20. **Landesverrat. Versailler Vertrag. Preßgesetz.** (StGB. § 92; RVerf. Art. 4, 118, 178.) In einer Zeitung wurden Ausführungen über die Einstellung von Zeitfreiwilligen in der Reichswehr veröffentlicht und darin der Reichsregierung der Vorwurf der Verletzung des Versailler Vertrags gemacht. Die Verurteilung des Verfassers und des verantwortlichen Schriftleiters wegen Landesverrats wurde bestätigt. Die Bestimmungen über Landesverrat sind durch den Versailler Vertrag nicht außer Wirksamkeit gesetzt worden. Der Vertrag ist allerdings als Reichsgesetz verkündet und geht älteren Reichsgesetzen vor; jene Gesetze aber, die keine ihm entgegenstehenden Bestimmungen enthalten, sind in Kraft geblieben. Das gilt insbesondere für die Vorschriften über den Schutz der Staatsgeheimnisse und das Recht des Deutschen Reiches, Angriffe hierauf zu verhindern und zu bestrafen. Die Preisgabe dieses Rechts würde mit der Preisgabe auf Selbstverteidigung zusammenfallen. Dieses Recht ist aber im Vertrag von Locarno vom 16. Oktober 1925 ausdrücklich anerkannt; weiter ist durch das Koblenzer Abkommen vom 6. Oktober 1926 die Fortgeltung der Bestimmungen über

Hochverrat, Landesverrat und Spionage festgestellt worden. Die Angeklagten hatten ihr Recht, auf die von ihnen gerügten Dinge hinzuweisen, damit zu begründen versucht, daß auch die anerkannten Regeln des Völkerrechts bindende Bestandteile des deutschen Reichsrechts seien. Es gibt aber keine allgemein anerkannte Regel des Völkerrechts, wornach der einzelne Staatsbürger eines Gemeinwesens berechtigt wäre, einer fremden Regierung gesetzwidrige Zustände mitzuteilen, von denen er weiß, daß sie im Interesse seines Heimatlandes geheimzuhalten sind. Die Vorschrift der Verfassung, wornach jeder Deutsche das Recht hat, seine Meinung durch Wort, Schrift, Druck, Bild oder in sonstiger Weise frei zu äußern, gilt nur innerhalb der Schranken der allgemeinen Gesetze; und das Naturrecht, auf das sich die Angeklagten gleichfalls beriefen, stellt als Rechtsnorm die Treupflicht auf, die jeder Staatsbürger seinem Volk und Vaterland schuldet. Diese Treupflicht erfordert, daß jeder Staatsbürger das Wohl des eigenen Staates als höchstes Gebot ansehe. Interessen eines fremden Landes kommen für ihn demgegenüber nicht in Betracht. Auf die Beobachtung und Durchführung der bestehenden Gesetze hinzuwirken, kann nur durch Inanspruchnahme der hiefür berufenen innerstaatlichen Organe geschehen, niemals durch eine Anzeige bei auswärtigen Regierungen. Der Gedanke, daß die Aufdeckung und Bekanntgabe gesetzwidriger Zustände dem Reichswohl niemals abträglich, nur förderlich sein könne, weil das Wohl des Staates in seiner Rechtsordnung festgelegt sei und sich in deren Durchführung verwirkliche, kann nicht uneingeschränkt anerkannt werden, besonders im Hinblick auf außenpolitische Verhältnisse. Abzulehnen ist auch die Behauptung, daß die Verurteilung dessen, der öffentliche Verletzungen des Versailler Vertrags zur Sprache bringt, einen schweren Verstoß gegen die Pflicht, völkerrechtliche Verträge zu halten, darstellt; dieser Grundsatz verpflichtet nur die vertragschließenden Staaten, nicht die einzelnen Staatsbürger. Der Schriftleiter der Zeitung wurde auch nicht durch das Preßgesetz entschuldigt, denn die Verantwortlichkeit für Handlungen, die durch die Presse begangen werden, bestimmt sich nach den allgemeinen Gesetzen. Bei periodischen Druckschriften ist der verantwortliche Schriftleiter als Täter zu bestrafen, wenn nicht durch besondere Umstände die Annahme seiner Täterschaft ausgeschlossen wird. Ob der Angeklagte den Aufsatz vor der Veröffentlichung gelesen hatte, war nicht zu prüfen. Daß es sich um Dinge handelte, die geheim zu halten waren, konnte den Angeklagten nicht zweifelhaft sein. Die Einstellung von Zeitfreiwilligen war im Jahre 1923 als vorübergehende Notmaßnahme zugelassen worden; später hatte aber keine weitere Einstellung mehr stattgefunden, war sogar ausdrücklich untersagt worden. Das hatte der Reichskanzler und der Reichswehrminister im Reichstag erklärt. Mit ihrer Veröffentlichung stellten sich die beiden Angeklagten in einen bewußten Gegensatz zur Reichsregierung und erklärten deren amtliche Äußerungen für unwahr. Sie konnten daher später nicht sagen, sie hätten geglaubt, durch die Erklärungen im Reichstag seien diese Dinge schon bekannt und darum nicht mehr geheim. Zum mindesten rechneten sie mit der Möglichkeit, daß ihre Nachrichten noch nicht bekannt waren, nahmen diese Möglichkeit in ihren Vorsatz auf und handelten also mit bedingtem Vorsatz. Sie waren sich auch bewußt, daß ihre Mitteilungen dem Wohl des Deutschen Reiches schaden konnten; daß ihre Absicht hierauf gerichtet war, gehörte nicht zum Tatbestand. Wäre es allerdings dem Angeklagten nur darum zu tun gewesen, die deutsche Regierung auf das Vorliegen gesetzwidriger Zustände zum Zwecke ihrer Abstellung aufmerksam zu machen, so wäre in ihrem Vorgehen kein Landesverrat zu finden gewesen; dieser war aber gegeben, wenn der eigenen Regierung der Vorwurf der Duldung oder Begünstigung gemacht und dadurch die Gefahr heraufbeschworen wurde, daß das Ausland, auf diese Mitteilungen sich stützend, der deutschen Regierung Schwierigkeiten bereitete. Da die Angeklagten ihre Ausführungen für richtig hielten, während sie in Wirklichkeit falsch waren, lag versuchter Landesverrat vor. (V, 14. März 1928.) Amtl. Sammlg. S. 65—72.

21. Militärische Ehrenstrafen. (MStGB. §§ 30—41.) Ein Unteroffizier, gegen den ein Strafverfahren wegen Unterschlagung eingeleitet war, schied vor dem Urteil krankheitshalber aus dem Dienstverhältnis aus. Es wurde auf Dienstentlassung gegen ihn erkannt. Das Reichsgericht bestätigte das Urteil. Das Militärstrafgesetzbuch ist in vollem Umfang anzuwenden, wenn ihm ein Angeklagter zur

Zeit der Begehung der strafbaren Handlung untersteht, auch wenn er zur Zeit der Verurteilung aus dem Verhältnis, das die Anwendbarkeit des Militärstrafrechts begründete, ausgeschieden ist. Der Ausspruch der Dienstentlassung schloß auch nicht nur den Verlust der Dienststelle, sondern auch den dauernden Verlust der Orden und Ehrenzeichen in sich und hatte auch Folgen für den Anspruch auf Versorgung. Gegenüber Unteroffizieren ist neben der Dienstentlassung auch auf Degradation zu erkennen. (III, 15. März 1928.) Amtl. Sammlg. S. 72—74.
Vgl. RMG. Bd. 16 S. 177; Bd. 18 S. 194, 200; Bd. 35 S. 75; Bd. 41 S. 4.

22. **Anstiftung und Beihilfe. Reformatio in peius. Gesetzeseinheit.** (StGB. §§ 48, 49, 73, 74; StPO. § 358.) Eine Frau wurde wegen zweier Vergehen der Anstiftung zu je einem Vergehen der Abtreibung und eines Vergehens der Beihilfe zu einem Vergehen der Abtreibung zu Einzelstrafen von je zwei Wochen Gefängnis verurteilt. Die Anstiftungen wurden darin gefunden, daß sie eine andere Frau bestimmte, eine Abtreibung vorzunehmen und die Schwangere, sie zuzulassen, die Beihilfe darin, daß sie zur Vornahme der Abtreibung mithalf. Ihre Revision hatte Erfolg. Die Verurteilung wegen zweier Vergehen der Anstiftung wurde durch die tatsächlichen Feststellungen getragen; verfehlt war aber die daneben erfolgte selbständige Verurteilung wegen Beihilfe. Bei mehrfacher Beteiligung einer Person an derselben Straftat kommt nur jene Teilnahmeform in Betracht, die mit der schwersten Strafe bedroht ist. Der Anstifter zu einer Straftat, der bei der Ausführung dieser Tat Beihilfe leistet, kann nicht wegen Anstiftung und Beihilfe, sei es in Tateinheit oder Tatmehrheit, sondern nur wegen Anstiftung bestraft werden. Eine besondere Freisprechung von der Anklage der Beihilfe kam nicht in Frage, da sie ja tatsächlich begangen war; es war nur die Verurteilung hierwegen in Wegfall zu setzen. Aufzuheben war ferner die auf die beiden Vergehen der Anstiftung bezügliche Festsetzung der Einzelstrafen sowie der Ausspruch der Gesamtstrafe, da möglicherweise bei der Strafzumessung für die beiden Vergehen der Anstiftung die mitlaufende Beihilfe nicht berücksichtigt war. Die neue Strafe hatte sich innerhalb der Grenzen der Summe der

für die Anstiftung und Beihilfe festgesetzten Einzelstrafen und der bisher festgesetzten Gesamtstrafe zu halten. (I, 16. März 1928.) Amtl. Sammlg. S. 74—76.

Vgl. Bd. 2 S. 145; Bd. 33 S. 401; Bd. 47 S. 372.

23. **Überschreitung der Notwehr. Hilfsweiser Beweisantrag.** (StGB. § 53.) Eine Frau, die von ihrem Mann angegriffen worden war, gab auf diesen vier Schüsse ab. Nach dem zweiten Schuß, der die Leber traf, stürzte er zu Boden; die Verwundung war so schwer, daß sie binnen weniger Sekunden den Tod herbeiführen mußte. Demgemäß lag bei der Abgabe der folgenden Schüsse keine Notwehr mehr vor. Infolgedessen kam auch straflose Überschreitung der Notwehr nicht mehr in Frage. Eine solche liegt nur vor, wenn die Grenzen der Verteidigung der Art oder dem Maße nach überschritten werden, nicht aber wenn Handlungen nach Beseitigung der Notwehrlage, nach der endgültigen Beseitigung der Angriffsgefahr begangen werden. Sie stellen keine Verteidigung mehr dar, sondern einen rechtswidrigen Angriff. Auch von vermeintlicher Notwehr konnte keine Rede sein, da die Angeklagte erkannte, daß ihr ein neuer Angriff nicht mehr drohte, vielmehr die weiteren Schüsse mit dem Vorsatz der Tötung abgab, wobei als Beweggrund nur der sich entladende Haß wirkte. Der Verteidiger der Angeklagten hatte dem Gericht vor Schluß der Beweisaufnahme mehrere schriftliche Beweisanträge für den Fall der Nichtfreisprechung gestellt. Das Gericht hatte sich hiernach erst bei der Beratung über das Urteil schlüssig zu machen, ob es den Anträgen stattgeben wollte. Die Annahme der Revision, daß sie durch Gerichtsbeschluß hätten erledigt werden müssen, traf demnach nicht zu. (II, 19. März 1928.) Amtl. Sammlg. S. 76—78.

Vgl. Bd. 54 S. 36; Bd. 60 S. 261.

24. **Tabaksteuer. Vorkehrungen. Strafschärfung.** (TabStG. §§ 51, 56, 61, 63, 64, 77; StPO. §§ 331, 358). Wegen fortgesetzter Fälschung von Steuerzeichen in Tateinheit mit fortgesetzter Hinterziehung der Tabaksteuer wurde auf eine Gefängnisstrafe und eine Geldstrafe erkannt. Das Reichsgericht verwies die Sache zurück. Lag Tateinheit vor, so war die Strafe ausschließlich aus der die schwerere Strafe androhenden Vorschrift über die Fälschung der Steuerzeichen zu entnehmen, die nur eine Gefängnisstrafe zuließ. Wenn im Tabaksteuergesetz (§ 77) für

den Fall des Zusammentreffens mehrerer Zuwiderhandlungen gegen das Gesetz vorgeschrieben ist, daß auf kein niedrigeres Strafmaß und keine leichtere Strafart erkannt werden darf, als nach den anderen Vorschriften zulässig ist, so wird dadurch der Fall betroffen, daß die Strafvorschrift, welche die größere Höchststrafe androht, gleichzeitig eine geringere Mindeststrafe als die andere Strafvorschrift zuläßt. Ein solches Überschneiden kam hier nicht in Frage. Die Strafe war verschärft worden, weil besondere Vorkehrungen zur Täuschung der Steuerbehörde getroffen worden waren; als solche waren das Verbergen der unversteuerten Tabakwaren in einem Schlafraum, die betrügliche Veränderung von Steuerzeichen durch deren Bekleben und Überkleben, die unbefugte Verwendung von Entwertungsnummern anderer Tabakhändler und falschen Eintragungen in den Büchern angesehen worden. Das Reichsgericht stimmte dieser Auffassung zu. Unter den Begriff der besonderen Vorkehrungen fallen nicht nur Handlungen von besonders listiger Art, sondern alle Maßnahmen, die zur Verdeckung der Steuerhinterziehung geeignet sind; notwendig ist für die Verschärfung nur noch, daß sie in der Absicht der Steuerhinterziehung vorgenommen wird und daß es sich um einen Betrag von mehr als 1000 Papiermark handelt. (II, 19. März 1928.)

Amtl. Sammlg. S. 78—82.

Vgl. Bd. 61 S. 112.

25. **Strafantrag. Teilbarkeit. Wahrnehmung berechtigter Interessen. Wahrheitsbeweis.** (StGB. §§ 61, 63, 73, 186, 193.) In Briefen vom 31. Juli und 10. September 1925, die an die Geschäftsstelle einer politischen Partei gerichtet waren, wurde dem Reichsminister Dr. Stresemann zum Vorwurf gemacht, daß er sich zur Rechtfertigung seiner Politik dem eigenen Volke gegenüber der Lüge bedient habe. Dieser Vorwurf wurde auch in einer Rede auf einer Gautagung der Partei am 14. November 1925 wiederholt; sowohl in dieser Rede als in dem zweiten Brief war auch der Vorwurf erhoben, daß der Minister durch sein Eingreifen in eine Ausfuhrangelegenheit der Korruption Vorschub geleistet habe. Am 23. November 1925 wurden in einem Brief an die Geschäftsstelle die beiden Vorwürfe neuerdings ausgesprochen. Der Minister stellte Strafantrag nur wegen des Vorwurfs der Korruption,

indem er erklärte, daß er eine Verfolgung wegen des Vorwurfs der Lüge deshalb nicht wolle, weil er sich nicht in der Lage sehe, Vorgänge, die sich auf die auswärtige Politik bezögen, zum Gegenstand gerichtlicher Verhandlungen zu machen. Die Untergerichte faßten alle Kundgebungen zu einem fortgesetzten Vergehen der Beleidigung zusammen. Das Reichsgericht beschränkte die Verurteilung auf den letzten Brief und verwies die Sache zurück. Es erachtete einen Fortsetzungszusammenhang nicht für gegeben und fand demgemäß nur den Brief vom 23. November 1925 durch den Strafantrag gedeckt. Die beiden Vorwürfe wurden in diesem Brief nicht auseinandergehalten; es war also nur eine Handlung (gleichartige Idealkonkurrenz) anzunehmen. Die Beschränkung des Strafantrags auf den Vorwurf der Korruptionsförderung wurde gleichwohl für zulässig erklärt. Im Falle der Tateinheit können die zusammengefaßten Tatbestandsverwirklichungen in gewissen Beziehungen ein selbständiges Leben führen. Sie sind gesondert daraufhin zu prüfen, ob ein Strafanspruch entstanden ist, ob er noch fortbesteht, ob die Bedingungen für seine Durchführbarkeit vorliegen. Trifft eine nicht verfolgbare Straftat mit einer verfolgbaren in einer Handlung zusammen, so ist eine Verurteilung nur hinsichtlich der verfolgbaren Straftat zulässig; das gilt insbesondere dann, wenn eine ohne Strafantrag verfolgbare Straftat mit einer solchen, die nur auf Antrag zu verfolgen ist, tateinheitlich zusammentrifft und kein Strafantrag gestellt ist. Das Gleiche muß aber auch dann gelten, wenn eine Person durch mehrere in einer Handlung zusammentreffende, nur auf Antrag verfolgbare Straftaten verletzt worden ist und nur wegen einer dieser Straftaten Strafantrag gestellt hat, gleichviel, ob es sich um ungleichartige oder gleichartige Idealkonkurrenz handelt. Diese Erwägungen müssen auch für die Teilung des Strafantrags gelten. Der Beleidiger kann sich nicht darüber beschweren, wenn er nur wegen eines Teiles seiner Kundgebungen zur Verantwortung gezogen wird. Es erwächst ihm hieraus auch kein Hindernis für die Führung des Wahrheitsbeweises; soweit die Wahrheit oder Unwahrheit der nicht verfolgbaren Behauptungen als Beweisanzeichen für die Wahrheit oder Unwahrheit der vom Strafantrag erfaßten Behauptungen in Betracht kommt, ist das Gericht nicht gehindert, das Beweisverfahren auch auf diese zu erstrecken. Daß der Angeklagte in Wahrnehmung berechtigter Interessen gehandelt habe, war nicht anzunehmen. Die Anerkennung der Wahrnehmung berechtigter Interessen als Rechtfertigungsgrund ist lediglich eine Einwendung des für die Folge des Notstands geltenden Grundsatzes der Güterabwägung; dem Interesse am Schutz fremder Ehre werden andere Interessen gegenübergestellt. Bei der Abwägung sind selbstverständlich nicht nur abstrakte Gesichtspunkte, sondern vor allem auch die Umstände des besonderen Falles, namentlich die Verhältnisse des Täters zu berücksichtigen. In der Rechtsprechung wird demgemäß unterschieden zwischen Angelegenheiten, die den Beleidiger wegen seines besonderen Verhältnisses zu ihnen persönlich nahe angehen und Angelegenheiten, die ihn nicht so nahe angehen, daß sie den Angriff auf die Ehre des Beleidigten rechtfertigen könnten. An diese Unterscheidung knüpft auch die Rechtsprechung an, daß allgemeine Interessen, die jeden Staatsbürger oder doch größere, durch Religion, Politik und ähnliche allgemeine Gesichtspunkte verbundene Gruppen von Staatsbürgern berühren, als solche in der Regel nicht zu den den Beleidiger nahe angehende Angelegenheiten in diesem Sinne gehören. Das gilt auch von dem Interesse national gesinnter Staatsbürger an der Führung einer nationalen Politik und von dem Interesse aller gut gesinnten Staatsbürger an der Wahrung der Sauberkeit des öffentlichen Lebens. Das Reichsgericht hat hieran nicht ausnahmslos festgehalten, vielmehr ein berechtigtes Interesse jeden Staatsbürgers anerkannt, strafbare Handlungen sowie Verfehlungen von Beamten bei den zuständigen Behörden anzuzeigen. So hätte man auch dem Angeklagten den Schutz des § 193 StGB. zubilligen können, wenn er gutgläubig die ihm zugegangenen Mitteilungen über bedenkliche Handlungen des Ministers dem Reichskabinett oder dem Reichstag mitgeteilt hätte; ob das auch für eine vertrauliche Mitteilung an die Parteileitung hätte gelten können, ließ das Reichsgericht dahingestellt. Von solchen Fällen abgesehen aber kann jedenfalls nicht jedem beliebigen, auch nicht jedem in der Politik tätigen Staatsbürger das Recht zuerkannt werden, unter Berufung auf das allgemeine Interesse an der Reinhaltung der Politik die Ehre anderer im öffentlichen Leben stehender Personen mit unbeweisbaren Behauptungen anzugreifen. Das allgemeine staatsbürgerliche Interesse an der Reinhaltung der Politik ist nicht nur gegen das rein persönliche Interesse des Beleidigten, sondern gleichfalls gegen das allgemeine bürgerliche Interesse am Schutz der Ehre der im öffentlichen Leben Stehenden, insbesondere der das Reich auch nach außen vertretenden Persönlichkeiten abzuwägen. Das erstere Interesse kann nicht dadurch gewahrt werden, daß die Ehre dieser Personen jederzeit den schwersten unbeweisbaren Angriffen ausgesetzt und daß hierdurch anständigen Leuten die Lust genommen wird, im öffentlichen Leben tätig zu sein. Zum Beweis der Wahrheit seiner Behauptungen hatte der Angeklagte sich auf andere Vorkommnisse bezogen, in denen sich der Minister der Korruptionsförderung schuldig gemacht habe. Mit Recht war das zurückgewiesen worden. Es ist zwar in der Rechtsprechung anerkannt, daß eine beleidigende Behauptung schon dann bewiesen ist, wenn sie in den wesentlichen Punkten richtig ist, daß ferner bei der Aufstellung einer allgemeinen, mit Beispielen versehenen Behauptung der Wahrheitsbeweis auch auf gleichartige Fälle ausgedehnt werden kann, die zum Beweis der allgemeinen Behauptung dienen können. Hievon abgesehen muß aber das Erfordernis der Identität der behaupteten und der zu beweisenden Tatsache festgehalten werden. Im vorliegenden Fall war nicht ein allgemeiner, sondern ein ganz bestimmter Vorwurf erhoben; demnach mußte die Wahrheit gerade dieses Vorwurfs bewiesen werden. Die Zulassung anderer Beweise war auch nicht für das Strafmaß von entscheidender Bedeutung. Wird in einem Verfahren wegen übler Nachrede einerseits die Nichterweislichkeit oder gar die Unwahrheit der behaupteten ehrenrührigen Tatsachen festgestellt, anderseits dem Angeklagten zugebilligt, daß er die Behauptung mit gutem Glauben aufgestellt hat, so ist für die Strafzumessung die Frage, ob der Beleidigte in anderen Beziehungen sich etwas habe zuschulden kommen lassen, nicht maßgebend. Das folgt aus der Natur und dem Zweck der Vorschrift über die üble Nachrede. Diese begründet die Rechtspflicht, die Behauptung ehrenrühriger Tatsachen zu unterlassen, wenn nicht die Sicherheit gegeben ist, daß sie bewiesen werden können. Um den Ehrenschutz für jene, die ihn verdienen, wirksam zu gestalten, ist nicht die Unwahrheit der behaupteten Tatsachen zum Tatbestandsmerkmal erhoben, sondern lediglich ihre Erweislichkeit als Strafausschließungsgrund anerkannt und damit bewußt die Möglichkeit geschaffen, daß unter Umständen auch einmal einem Unwürdigen der Ehrenschutz zuteil wird. Damit würde es nicht im Einklang stehen, wenn der Angeklagte verlangen könnte, daß für die Zwecke der Strafzumessung das ganze Leben des Beleidigten aufgerollt und für diesen das Strafverfahren, das ihm Genugtuung bringen soll, zum Martyrium gestaltet wird. (I, 20. März 1928.)

Amtl. Sammlg. S. 83—96.

Vgl. Bd. 5 S. 97; Bd. 6 S. 309; Bd. 18 S. 273; Bd. 24 S. 12; Bd. 32 S. 270; Bd. 33 S. 339; Bd. 46 S. 45; Bd. 55 S. 129; Bd. 61 S. 242.

26. **Bestechung. Geheimnisverrat. Außerverfolgungsetzung. Reformatio in peius.** (StGB. §§ 332, 333; BestechVO. §§ 3, 4; StPO. §§ 211, 331.) Nach Durchführung der Voruntersuchung wurde das Verfahren gegen die beiden Angeschuldigten wegen aktiver und passiver Bestechung nach der Bestechungsverordnung eröffnet; gleichzeitig wurden sie unter dem rechtlichen Gesichtspunkt der aktiven und passiven Beamtenbestechung außer Verfolgung gesetzt. Das war rechtlich verfehlt, aber der Beschluß war, soweit darin die Eröffnung des Hauptverfahrens unter einem rechtlichen Gesichtspunkt abgelehnt wurde, rechtlich ohne Wirkung, da das Gesetz eine solche Ablehnung nicht kennt. Es wurde also durch diesen Teil des Beschlusses die Strafklage nicht verbraucht. Das Schöffengericht hatte gleichfalls die Eigenschaft der Angeklagten als Beamte verneint. Das Landgericht hatte, nachdem die beiden Angeklagten Berufung eingelegt hatten, diese Frage nicht mehr geprüft. Das war nicht richtig. Ist eine Verurteilung im Schuldspruch angefochten, so entbindet der Umstand, daß nur der Angeklagte Berufung eingelegt hat, niemals von der Verpflichtung, die zur Aburteilung stehende Tat unter allen rechtlichen Gesichtspunkten zu würdigen; der Angeklagte muß, auch wenn er allein Berufung eingelegt hat, unter Umständen aus einem härteren Strafgesetz verurteilt werden, wenn auch seine Strafe nicht erhöht werden darf. Der Tatbestand der Bestechungsverordnung ist gegenüber jenem des Strafgesetzbuchs insoferne weiter, als er das Anbieten, Versprechen oder Gewähren von Vorteilen für

alle pflichtwidrigen Handlungen, also auch für schon vorgenommene, unter Strafe stellt, während das Strafgesetzbuch nur die Vergütungen für noch bevorstehende Handlungen im Auge hat, zu denen der Beamte erst durch den gewährten oder in Aussicht gestellten Vorteil bestimmt werden soll. Nach der Feststellung des Berufungsgerichts hatte der eine der Angeklagten dem anderen nach Begehen der Pflichtverletzung ein Geschenk gegeben; dieser Tatbestand genügte unter der Voraussetzung, daß der Beschenkte nicht Beamter war, zur Verurteilung des Schenkers, nicht aber für den Fall, daß er Beamter war. Dieser Unstimmigkeit der gesetzlichen Vorschriften ist darauf zurückzuführen, daß der Gesetzgeber bei der Schaffung der Bestechungsverordnung die dem rechtlichen Bedürfnis nicht mehr vollständig entsprechende Strafbestimmung gegen aktive Bestechung erweitern wollte, während es für den Geltungsbereich des Strafgesetzbuchs beim bisherigen Rechtszustand verblieb. Daß der Beschenkte sich selbst zu der pflichtwidrigen Handlung erbot, schloß den Tatbestand der aktiven Bestechung nicht aus. (I, 23. März 1928.)

Amtl. Sammlg. S. 96—99.

Vgl. Bd. 23 S. 392; Bd. 37 S. 171; Bd. 48 S. 89; Bd. 50 S. 370; Bd. 52 S. 234; Bd. 61 S. 353.

27. **Mangelhafte Fleischbeschau. Fahrlässigkeit.** (FleischbeschauG. §§ 1, 8, 27.) Mit Strafe ist bedroht, wer Fleisch in Verkehr bringt, bevor es der vorgeschriebenen Untersuchung unterworfen worden ist. Unter diese Vorschrift fällt auch der Fleischbeschauer, der Fleisch für den Verkehr freigibt, ohne es mit der gebotenen und möglichen Sorgfalt untersucht zu haben. Das wurde angenommen in einem Fall, in dem der Fleischbeschauer es unterlassen hatte, die bei der Notschlachtung einer Kuh beteiligten Personen nach den letzten Krankheitserscheinungen zu fragen und eine bakteriologische Untersuchung des Fleisches anzuordnen. Die Vorschrift richtet sich nicht nur gegen Händler; auch der Fleischbeschauer, der das Fleisch freigibt, bringt es in den Verkehr. (II, 26. März 1928.)

Amtl. Sammlg. S. 99—101.

Vgl. Bd. 3 S. 120; Bd. 7 S. 153; Bd. 16 S. 191.

28. **Tabaksteuerlager. Händler. Diebstahl. Steuerbescheid. Anmeldung einer Steuerforderung im Konkurs. Vorentscheidung.** (TabStG. §§ 42, 44, 56, 58, 59, 77;

RAbgO. §§ 83, 85, 211, 220, 226, 433; KO. §§ 6, 139.)
Einem Zigarrenhändler war ein Steuerlager bewilligt worden. Bei einer Nachprüfung ergab sich, daß erhebliche Mengen der dort eingelagerten Zigarren weggekommen waren, ohne daß eine Steuer dafür entrichtet worden war. Diese Fehlmenge hatte der Lagerhalter zu versteuern, soweit nicht dargetan wurde, daß sie auf Umstände zurückzuführen waren, die eine Steuerschuld nicht begründeten. Er hatte sich darauf berufen, daß die Zigarren gestohlen worden seien. Das konnte ihn nicht von der Steuerpflicht befreien. Nur solche Umstände reichten hiefür aus, die ergaben, daß eine Steuerschuld nicht entstanden war, also etwa die Vernichtung der Zigarren vor ihrem Übergang in den freien Inlandsverkehr, nicht aber der Nachweis, daß der Inhaber des Steuerlagers die Zigarren nicht selbst in den freien Verkehr gebracht hatte, daß also in seiner Person eine Steuerschuld für die Fehlmengen nicht begründet worden war. Für eine Bestrafung wegen Steuerverkürzung reichte aber diese Rechtsvermutung nicht aus; im Strafverfahren ist das Vorliegen buchmäßiger Fehlmengen nur eine einfache Beweistatsache, die zwar vielfach das Fortschaffen der Fehlmengen unter strafrechtlicher Verantwortlichkeit des Lagerinhabers in hohem Grade wahrscheinlich machen und als Nachweis hiefür ausreichen wird, die aber auch in dieser Hinsicht der freien Würdigung des Tatrichters unterliegt. Die Behauptung des Angeklagten, daß die Zigarren gestohlen worden seien, hätte also daraufhin geprüft werden müssen, wie weit sie zur Entkräftung der Wahrscheinlichkeit geeignet war, daß er die Fehlmenge ganz oder teilweise in den Inlandsverkehr gebracht hatte. In diesem Umfang griff für die Berechnung der Höhe der geschuldeten Steuer wieder die Vorschrift Platz, daß Fehlmengen zu versteuern sind. Die Feststellung, in welcher Anzahl Zigarren vom Angeklagten aus dem Steuerlager ohne zutreffende Steuerzeichen in seine Verkaufsräume oder sonstwie in den freien Inlandsverkehr gebracht wurden, begründete ohne weiteres die Annahme der Hinterziehung der für diese Zigarren geschuldeten Tabaksteuer, ohne daß der Vorsatz der Hinterziehung oder eine tatsächlich eingetretene Verkürzung der Steuer nachgewiesen zu werden brauchte. Der Einwand des Angeklagten, er habe stets für die aus dem Steuerlager in die Verkaufs-

stellen gebrachten Zigarren die erforderlichen Steuerzeichen mitgegeben oder nachgeschickt, war nicht geeignet, den äußeren Tatbestand der Steuerverkürzung in Frage zu stellen, sondern hatte nur für den Vorsatz Bedeutung; an sich genügt für die Annahme der Steuerverkürzung, daß die Ware bei der Entfernung aus dem Steuerlager nicht mit einem Steuerzeichen versehen ist. — Der Angeklagte war in Konkurs geraten. Die Steuerbehörde hatte die Steuerforderung angemeldet. Diese Anmeldung hatte nicht die Bedeutung eines Steuerbescheids. Ein solcher stellt sich als eine in Ausübung der Finanzhoheit ergangene obrigkeitliche Entscheidung der Steuerbehörde über das Bestehen und die Verpflichtung zur Zahlung einer Steuerschuld dar. Er ist, wie der Zahlungsbefehl, einem Urteil gleichzustellen, da es im steuerrechtlichen Verfahren nicht erst einer Klage der Steuerbehörde bedarf, diese vielmehr als Organ des Steuergläubigers die Steuer selbst mit der rechtskraftfähigen Wirkung festsetzt. An dieser Eigenschaft eines kraft eigenen Rechts, vorbehaltlich der zulässigen Rechtsmittel, verbindlichen obrigkeitlichen Bescheids über die zu entrichtende Steuer fehlt es aber bei der Anmeldung des Steueranspruchs im Konkurs. Mit ihr übt der Steuergläubiger keine eigene obrigkeitliche Befehls- und Zwangsgewalt aus, vielmehr unternimmt er es nur, gleich den anderen Konkursgläubigern durch Anrufung des Konkursgerichts und durch Vermittlung der diesem zustehenden Gerichtsgewalt zur konkursmäßigen Anerkennung und Befriedigung der Steuerforderung zu gelangen. Wird diese als festgestellt in die Tabelle eingetragen, so hat das zwar dem Konkursverwalter, dem Gemeinschuldner und den Konkursgläubigern gegenüber die Wirkung eines rechtskräftigen Urteils, aber ebensowenig wie ein solches die besonderen steuerrechtlichen Wirkungen, die sich an einen rechtskräftigen Steuerbescheid knüpfen. Erlangt der Steuergläubiger aus der Konkursmasse für seinen Anspruch volle Befriedigung, so wird in der Regel ein Bedürfnis zur Durchführung des Steuerermittelungsverfahrens und zum Erlaß eines Steuerbescheids gegen den Gemeinschuldner persönlich fehlen und demgemäß Abstand davon genommen werden. Gibt die Steuerbehörde im gerichtlichen Steuerstrafverfahren eine solche Erklärung ab, oder ist aus ihrem Verhalten hinlänglich ersichtlich, daß sie sich mit der konkursmäßigen Feststellung ihrer Forderung begnügen und einen eigenen Steuerbescheid nicht erlassen will, so hat der Strafrichter weder Veranlassung noch Möglichkeit, auf dem Erlaß eines solchen zu bestehen und bedarf darum auch für sein Urteil nicht der an sich vorgeschriebenen Vorentscheidung. (II, 26. März 1928.) Amtl. Sammlg. S. 101—110. Vgl. Bd. 56 S. 126; Bd. 57 S. 212; Bd. 58 S. 382; Bd. 60 S. 117, 244.

29. **Bäckerverordnung. Sonntagsruhe. Irrtum.** (BäckerVO. §§ 6, 12; IrrtVO.) Ein Konditor beschäftigte an einem Sonntag in seinem Betrieb seinen Bruder und einen Lehrling mit dem Füllen von Tortenböden und dem Garnieren von Torten. Das Schöffengericht sprach ihn von der Anklage einer Übertretung der Bäckerverordnung frei. Die Revision des Staatsanwalts hatte Erfolg. In der Sache selbst schloß sich der Senat den Ausführungen des I. Strafsenats in seinem Urteil vom 18. Januar 1927 an. Die Freisprechung war auch damit begründet worden, daß der Angeklagte ohne sein Verschulden sein Tun für erlaubt gehalten habe. Auch diese Erwägung war nicht haltbar. Dem Angeklagten war zur Zeit der Tat bekannt, daß nach der Rechtsprechung des Reichsgerichts sein Tun als strafbar anzusehen war; hiernach war nicht einzusehen, wie er es bei Anwendung der ihm als einem Gewerbetreibenden obliegenden Aufmerksamkeit gleichwohl mit Rücksicht auf die Auffassung von Gerichten niederer Ordnung für erlaubt halten konnte. Das Reichsgericht ist dazu berufen, die Einheit des Rechts und seiner Anwendung in der Rechtsprechung innerhalb des Reichs zu wahren; in seinen Urteilen verkörpert sich jene Einheitlichkeit der Rechtsprechung, gleichviel, ob ein nachgeordnetes Gericht eine abweichende Auffassung vertritt. Welche Bedeutung abweichenden Meinungen in der Fachpresse oder dem Nichteinschreiten der Staatsanwaltschaft gegenüber Zuwiderhandlungen gegen das Gesetz beizumessen sein sollte, ist vollends nicht einzusehen. (III, 29. März 1928.)

Amtl. Sammlg. S. 110—111. Vgl. Bd. 61 S. 162.

30. **Eröffnungsbeschluß. Außerverfolgungsetzung. Tat.** (StGB. §§ 48, 257; StPO. §§ 204, 211, 264.) Die Voruntersuchung wurde wegen Anstiftung zur Kindstötung eingeleitet. Die Anklage und der Eröffnungsbeschluß be-

urteilten die Tat als Begünstigung. Das Urteil griff wieder auf die Bewertung als Anstiftung zurück. Das war zulässig. Gegenstand der Untersuchung war immer dasselbe Tun des Angeklagten; nur dessen rechtliche Beurteilung schwankte. Die Staatsanwaltschaft hatte in der Anklage beantragt, den Angeschuldigten hinsichtlich der Anstiftung außer Verfolgung zu setzen; dem Antrag war stattgegeben worden. Dieser Beschluß war aber gegenüber dem schon früher ergangenen Beschluß auf Eröffnung der Voruntersuchung rechtlich wirkungslos. Er enthielt eine dem erkennenden Richter vorgreifende Zwischenentscheidung dahin, daß die den Gegenstand des Eröffnungsbeschlusses bildende Tat des Angeklagten nicht unter dem rechtlichen Gesichtspunkt der Anstiftung gewürdigt werden solle; das war nicht nur unzulässig, sondern überhaupt unbeachtlich. Nur ein mit dem Gegenstand der Eröffnung des Hauptverfahrens nicht einheitlich zusammenhängender, für sich selbständiger geschichtlicher Vorgang konnte ausgeschieden und der weiteren Untersuchung entzogen werden. (III, 29. März 1928.) Amtl. Sammlg. S. 112—113.

Vgl. Bd. 46 S. 218; Bd. 50 S. 370; Bd. 61 S. 314.

31. **Kuppelei. Stiefeltern.** (StGB. § 181.) Eine Frau verheiratete sich im Jahre 1918 mit einem Witwer. Im Jahre 1923 wurde die Ehe wieder geschieden. Im Jahre 1926 gewährte sie einer Tochter ihres früheren Mannes Gelegenheit zu außerehelichem Geschlechtsverkehr. Ihre Freisprechung von der Anklage der Kuppelei wurde vom Reichsgericht bestätigt. Ein Verhältnis von Eltern zu Kindern ist auch bei Stiefeltern gegenüber ihren Stiefkindern anzunehmen; regelmäßig besteht hier ein ähnliches Autoritäts- und Pietätsverhältnis wie bei leiblichen Eltern gegenüber ihren Kindern. Demgemäß ist auch in der reichsgerichtlichen Rechtsprechung anerkannt, daß Mißhandlungen der Stiefkinder durch die Stiefeltern als schwere Verletzung ihrer durch die Ehe begründeten Pflichten zu gelten haben, anderseits aber, daß der Vater noch unerzogener Kinder das ihm zustehende Erziehungs- und Züchtigungsrecht durch Eingehung einer neuen Ehe stillschweigend auf die Frau überträgt, die diesen Kindern nun Mutter sein soll. Daraus folgt weiter, daß dieses Verhältnis durch die Auflösung der die Stiefelternschaft begründenden Ehe wieder aufgehoben wird. Ob gleichwohl noch ein eltern-

ähnliches Verhältnis weiter besteht, wie das beim Tod des leiblichen Elternteils meist der Fall sein wird, ist nach den tatsächlichen Verhältnissen zu beurteilen; es kann sich aus der Stiefelternschaft eine zugleich dem pflegeelterlichen Verhältnis entsprechende, auf die Dauer berechnete Art von Familienzugehörigkeit entwickeln, deren Fortbestand ausreicht, um die Verkuppelung des Kindes als ein Verbrechen erscheinen zu lassen. Das traf im vorliegenden Fall nicht zu. (II, 29. März 1928.)

Amtl. Sammlg. S. 114—119.

Vgl. Bd. 6 S. 338; Bd. 10 S. 102; Bd. 21 S. 257; Bd. 25 S. 337; Bd. 34 S. 418; Bd. 41 S. 113; Bd. 46 S. 150; Bd. 60 S. 246.

32. **Privatklageverfahren. Aussetzung. Eidesstattliche Versicherung.** (StGB. §§ 156, 191.) Wegen übler Nachrede, begangen durch die Behauptung des Diebstahls, wurde Privatklage erhoben. Der Angeklagte erklärte, daß er wegen der von den Privatklägern begangenen Diebstähle Strafanzeige erstatten wolle und bat um Aussetzung des Privatklageverfahrens bis zur Entscheidung hierüber; zur Begründung seines Antrags legte er eine eidesstattliche Erklärung seines Bruders vor, der Augenzeuge solcher Diebstähle gewesen zu sein behauptete. Das Gericht entsprach dem Antrag. Die eidesstattliche Behauptung war falsch. Die Verurteilung wurde vom Reichsgericht bestätigt. Die Strafgerichte können eidesstattliche Versicherungen auch in solchen Fällen entgegennehmen, in denen eine Glaubhaftmachung nicht ausdrücklich vorgeschrieben ist; ausgeschlossen sind nur eidesstattliche Versicherungen von Beschuldigten und solche von Zeugen zum Zwecke der Feststellung der die Schuldfrage betreffenden Tatsachen. Die eidesstattliche Versicherung war also im gegebenen Fall zulässig und auch wirksam. Der Privatklagerichter konnte den Klägern eine Abgabe der Erklärung des Angeklagten und der eidesstattlichen Versicherung seines Bruders zustellen lassen; dies konnte sehr wohl die Folge haben, daß die Privatkläger sich zur Zurücknahme der Privatklage entschlossen. Das genügte, um die eidesstattliche Versicherung als nicht rechtlich völlig wirkungslos erscheinen zu lassen. (I, 30. März 1928.) Amtl. Sammlg. S. 119—122.

Vgl. Bd. 22 S. 267; Bd. 57 S. 53; Bd. 58 S. 147.

33. **Fahrlässige Körperverletzung. Berufs- oder Gewerbepflicht. Kraftwagen. Geschäftsfahrt.** (StGB. § 230; KraftfahrzG. § 21.) Ein kaufmännischer Agent benutzte zu seinen Geschäftsfahrten einen Kraftwagen, den er selbst steuerte. Bei einer solchen Fahrt verletzte er zwei Kinder. Das Schöffengericht verurteilte ihn wegen fahrlässiger Körperverletzung unter Verletzung einer Gewerbepflicht in Tateinheit mit einer Verfehlung gegen das Kraftfahrzeuggesetz. Das Landgericht lehnte die Verurteilung wegen fahrlässiger Körperverletzung ab. Auf die Revision des Staatsanwalts wurde die Sache zurückverwiesen. Das Gesetz geht davon aus, daß Amt, Beruf und Gewerbe eine gewisse Erfahrung, Übung und Vorbildung, damit aber auch eine bessere Einsicht in die mit Berufs- oder Gewerbeausübung für andere verbundene Gefahren mit sich bringen und deshalb auch eine besondere Pflicht zur Aufmerksamkeit begründen. Hierbei macht es keinen Unterschied, ob im Rahmen des Gewerbebetriebs die Tätigkeit die hauptsächliche oder nur eine Hilfs- oder Nebenverrichtung darstellt, weil auch eine solche einen Teil der Gewerbeausübung bildet. Es ist darum unerheblich, ob sich ein Kaufmann in erster Linie anderen Geschäften als der Führung eines Kraftwagens zu widmen hat; wenn er seine kaufmännischen Geschäfte in der Weise betreibt, daß er mit dem von ihm geführten Kraftwagen Kunden oder Lieferanten aufsucht, um mit ihnen Geschäfte zu machen, so handelt es sich bei diesen Fahrten um eine Hilfs- oder Nebenverrichtung, die in den Rahmen der Gewerbeausübung fällt. Nicht erforderlich ist, daß der Täter durch die Ausübung der gewerblichen Hilfs- oder Nebentätigkeit eine bessere Einsicht oder Sachkunde erlangt hat. Der Täter hat für den Besitz der nötigen Erfahrung und Umsicht einzustehen, kann sich also nicht damit entschuldigen, daß er die Ausübung des Gewerbes begonnen habe, ohne jene zu besitzen. (I, 30. März 1928.) Amtl. Sammlg. S. 122—125.

Vgl. Bd. 59 S. 269; Bd. 61 S. 300.

34. **Geldstrafe. Umwandlung in Zuchthaus.** (StGB. § 29.) Wegen Mordversuchs und unbefugten Waffenbesitzes wurde eine Zuchthausstrafe und eine Geldstrafe ausgesprochen; die Geldstrafe wurde in eine Zuchthausstrafe umgewandelt. Das Reichsgericht erklärte das für unzulässig. An Stelle einer uneinbringlichen Geldstrafe kann

Zuchthaus nur dann treten, wenn wegen einer und derselben Handlung auf Zuchthaus und auf Geldstrafe erkannt wird. Geldstrafen, die wegen einer und derselben Handlung neben Gefängnisstrafen erkannt sind, können nicht in Zuchthausstrafen umgewandelt werden, auch dann nicht, wenn die Gefängnisstrafe in eine Gesamtzuchthausstrafe eingeschlossen wird. Das gilt vollends für Geldstrafen, die wegen eines selbständigen Vergehens für sich allein verhängt worden sind. (I, 30. März 1928.)

Amtl. Sammlg. S. 125—126.
Vgl. Bd. 54 S. 296.

35. **Fahrlässiger Falscheid. Erkundigungspflicht.** (StGB. § 163.) In einem Verfahren wegen Unterhaltspflicht leistete der Beklagte den ihm auferlegten richterlichen Eid dahin, daß er mit der Mutter des klagenden Kindes in der Zeit vom 25. September 1924 bis zum 24. Januar 1925 keinen Geschlechtsverkehr gehabt habe. Er wurde wegen fahrlässigen Falscheides verurteilt. Das Reichsgericht verwies die Sache zurück. Nach der Behauptung des Angeklagten hatte der Geschlechtsverkehr am 12. September 1924 stattgefunden. Die Feststellungen des Urteils boten keinen Anhaltspunkt dafür, daß der Angeklagte Zweifel an der Richtigkeit seiner Vorstellung und der ihr entsprechenden Behauptung hatte und sich über diese Zweifel leichtsinnig wegsetzte. Es war hiernach zu prüfen, ob gleich wohl in der sicheren Bekundung des Erinnerungsbildes, das sich in der Seele des Angeklagten festgesetzt hatte, eine Fahrlässigkeit gefunden werden konnte. Das war dann der Fall, wenn besondere Umstände nachgewiesen werden konnten, die es dem Angeklagten zur Pflicht machten, auch sie auf sein Vorstellungsvermögen einwirken zu lassen, und wenn die pflichtgemäße Beachtung dieses Umstandes ihn bestimmt haben würde, die Leistung des ihm durch bedingtes Endurteil auferlegten Eides zu verweigern oder sich nur zur Leistung eines beschränkten Eides zu erbieten. Das Schwurgericht hatte solche besondere Umstände darin erblickt, daß sich der Geschlechtsverkehr unbestritten an bestimmte Vorgänge angeschlossen hatte, die auch von anderen Personen wahrgenommen worden waren. Dieser Ausgangspunkt war nicht zu beanstanden. Wird jemand ein richterlicher Eid auferlegt, so hat er sich auf die Eidesleistung durch Benutzung

geeigneter Erkenntnisquellen vorzubereiten. Während für den Zeugen, der auch gegen seinen Willen zur Aussage und zur Beeidigung seiner Aussage gezwungen werden kann, im allgemeinen eine Rechtspflicht zu einer der Eidesleistung vorausgehenden Erkundigung nicht besteht, vielmehr von ihm nur verlangt werden kann, daß er ein nach seiner Vorstellung sicheres Erinnerungsbild richtig, ein unsicheres Erinnerungsbild als zweifelhaft wiedergibt und die ihm bei der Eidesleistung sich darbietenden Anhaltspunkte und Hilfsmittel zur etwaigen Berichtigung seiner Vorstellung benutzt, ist bei dem durch bedingtes Endurteil oder Beweisbeschluß auferlegten Parteieid eine Erkundigungspflicht daraus abzuleiten, daß die Leistung oder Verweigerung des Eides vom Willen der Partei abhängt, daß anderseits die Partei, die sich zur Leistung des Eides bereit erklärt, nicht die Möglichkeit hat, ein unsicheres Erinnerungsbild als zweifelhaft wiederzugeben, vielmehr den Eid in der auferlegten Form leisten muß, also sich auch klar darüber sein muß, ob sie den Eid so, wie er ihr auferlegt ist, leisten kann oder nicht. Von dieser richtigen Grundlage ausgehend war das Schwurgericht zu Folgerungen gelangt, die nicht ganz gesichert waren. Bei der Neuverhandlung war zunächst zu prüfen, welcher Gedankengang den Angeklagten dazu geführt hatte, den Geschlechtsverkehr in die erste Hälfte des September 1924 zu verlegen und ob dieser Gedankengang etwa geeignet war, eine so unerschütterliche Überzeugung von der Richtigkeit seiner Annahme zu begründen, daß er weitere Nachforschungen nicht für erforderlich zu halten brauchte. Hinsichtlich der Möglichkeit, bei anderen Personen Erkundigungen einzuziehen, bedurfte es einer näheren Untersuchung, ob diese Erkundigungen objektiv geeignet waren, den Angeklagten zu einer Berichtigung seiner Vorstellung und damit zur Verweigerung des Eides zu bestimmen. Wenn das zutraf, war weiter zu prüfen, aus welchen Gründen der Angeklagte von den Erkundigungen Abstand nahm und ob diese Unterlassung ihm als Verschulden angerechnet werden konnte. (I, 17. April 1928.) Amtl. Sammlg. S. 126—130.

36. Untreue. Kreditbestellung. Verfügung. Tat. Prüfungspflicht. Umgestaltung der Strafklage. (StGB. § 266; StPO. §§ 151, 264, 318, 324, 332.) Unter einem Vermögensstück im Sinne der Vorschrift über Untreue ist nur ein bestimmter einzelner zu dem Vermögen des Auftraggebers gehörender Gegenstand von wirtschaftlichem Wert zu verstehen; die bloße Belastung des Vermögens mit einer Schuldverbindlichkeit, ohne daß diese für einen bestimmten einzelnen Vermögensgegenstand eine Rechtsänderung herbeiführt, fällt nicht unter den Begriff der Untreue. Außer körperlichen Sachen und den in der Vorschrift ausdrücklich genannten Forderungen, zu denen ohne weiteres auch ein dem Auftraggeber zustehendes Guthaben gehört, kann für den Auftraggeber auch ein ihm bewilligter Kredit ein Recht von wirtschaftlichem Wert und demgemäß ein Vermögensstück sein, vorausgesetzt, daß es sich nicht um ein unverbindliches Inaussichtstellen eines Kredits handelt, sondern daß ein solcher, wenn auch widerruflich, in bestimmter Höhe mit unmittelbarer Ausnützungsbefugnis fest eingeräumt worden ist. Auf seiten des Kreditgebers stellt dagegen die Kreditbestellung keine Verfügung über ein Vermögensstück dar; sie belastet nur das Vermögen als solches mit einer Schuldverbindlichkeit. Sie erfüllt darum, wenn sie durch einen Bevollmächtigten vorgenommen wird, den Tatbestand einer Untreue wenigstens nicht unmittelbar. Dieser kann aber gegeben sein, wenn die Erfüllung der Verpflichtungen, die durch unbefugte Krediteinräumung begründet wird, mit dieser in einem solchen Zusammenhang steht und mit ihr so sehr ein einheitliches Ganzes bildet, daß darin insgesamt ein benachteiligendes Verfügen des Bevollmächtigten über bestimmte Vermögensstücke des Kreditgebers und demgemäß ein Verwirklichen auch dieses Merkmals der Untreue gefunden werden kann. Die Kreditbestellung wird meistens dazu führen, daß der Kreditgeber vereinbarungsgemäß aus seinem Vermögen Barzahlungen für den Kreditnehmer leistet oder zu dessen Gunsten sonstige Verfügungen über bestimmte Vermögensstücke, insbesondere über ein eigenes Guthaben oder einen eigenen Kredit trifft. Ein dem Kreditgeber nachteiliges Verfügen kann hierin freilich an sich noch nicht erblickt werden, soweit es sich dabei lediglich um die Erfüllung einer bereits durch die Kreditbestellung begründeten Verbindlichkeit handelt. Das muß auch dann gelten, wenn nicht der Kreditgeber selber, sondern ein Bevollmächtigter für ihn den Kredit bestellt und nur zur Erfüllung der infolgedessen geschuldeten Leistung eine hiezu erforderliche Verfügung getroffen hat. Immerhin kann auch dann dem Bevollmächtigten eine Untreue zur Last fallen. Das wird nicht nur dann der Fall sein, wenn er bei der Kreditbestellung seine Vollmacht im Einverständnis mit dem Kreditnehmer zum Nachteil des Kreditgebers mißbraucht hat; es kann vielmehr selbst dann zutreffen, wenn der Bevollmächtigte nur seinerseits sich des den Geschäftsherrn benachteiligenden Mißbrauchs der Vollmacht und der sich daraus ergebenden Notwendigkeit bewußt war, bei Inanspruchnahme des Kredits über Vermögensstücke des Geschäftsherrn zu dessen Nachteil verfügen zu müssen. Wenn er diesen Vorsatz schon bei der Kreditbestellung hatte, kann es für die Frage, ob er sich durch dessen Verwirklichung einer Untreue zum Nachteil seines Vollmachtgebers schuldig macht, nicht auf die diesem gegenüber rechtswidrige Kreditbestellung ankommen, wenn sie von vorneherein nur zur Vorbereitung des ungetreuen Verfügens über Vermögensstücke des Vollmachtgebers und zur Deckung dieses Tuns durch einen widerrechtlich begründeten Anspruch des Kreditnehmers dienen sollte. Strafrechtlich stellt sich vielmehr die voraufgegangene Kreditbestellung in einem solchen Fall nur als ein Mittel zur Herbeiführung des gewollten unrechten Enderfolgs einer dem Vollmachtgeber nachteiligen Verfügung über ihm gehörige Vermögensstücke (Barmittel, Guthaben, Kredite) dar, wie sie zur Anwendung der Vorschrift über Untreue vorausgesetzt wird. Anders gestaltet sich die Anwendbarkeit der Vorschrift, wenn der Kreditnehmer nicht einen bereits bindend zugesagten Kredit in Anspruch nimmt, sondern die Kreditgewährung darin besteht, daß von ihm, insbesondere bei der Übernahme eines Auftrags zur Anschaffung von Wertpapieren, ein Vorschuß für die voraussichtlichen Aufwendungen oder Leistungen Zug um Zug nicht verlangt wird. Handelt hierbei für den Kreditnehmer dessen Bevollmächtigter, so ist es, wenigstens bei bankmäßigen Ankaufsaufträgen, ohne weiteres wahrscheinlich, daß er den Auftrag nicht ausführen kann, ohne zu diesem Zweck Vermögensbestandteile seines Vollmachtgebers, insbesondere dessen Barbestände, Forderungen, Guthaben oder Kredite als Zahlungsmittel zu verwerten, also über bestimmte Vermögensstücke von ihm zu verfügen. Daß hierbei dem Kreditnehmer Kredit gewährt wird, hat (anders als Stundung einer bereits bestehenden Forderung) in der Regel nur Bedeutung für die weiteren Tatbestandsmerkmale der Benachteiligung des kreditgebenden Geschäftsherrn, die darin liegt oder dadurch verstärkt wird, daß der Bevollmächtigte die Vermögensstücke, über die er verfügt, ohne eine entsprechende Gegenleistung und ohne ausreichende Sicherheit aus der Hand gibt. Für den Begriff des Verfügens kommt noch weiter in Betracht, daß bei Forderungen hierunter nur ein Eingriff rechtlicher Art verstanden werden kann. Maßnahmen, die lediglich eine Verdunkelung der Rechtslage bezwecken und herbeizuführen geeignet sind, jedoch das Forderungsrecht selbst in seinem rechtlichen Bestand und Inhalt unberührt lassen, erfüllen regelmäßig nicht den Begriff einer Verfügung über die Forderung. Unrichtige Eintragungen in die Geschäftsbücher vermögen daher, wenn ihnen rechtswirksame Abmachungen der Beteiligten nicht zugrunde lagen, jedenfalls im allgemeinen den Tatbestand einer Untreue nicht zu erfüllen. — Wenn eine Berufung unbeschränkt eingelegt wird, gilt der ganze Inhalt des ersten Urteils als angefochten. Hieraus darf nicht gefolgert werden, daß für das Berufungsverfahren an Stelle des Eröffnungsbeschlusses das angefochtene Urteil tritt und dafür maßgebend ist, was den Gegenstand der Urteilsfindung zu bilden hat; das wird vielmehr durch den Eröffnungsbeschluß bestimmt und begrenzt. Das Berufungsgericht hat die in diesem bezeichnete Tat, wie sie sich nach dem Ergebnis der Berufungsverhandlung darstellt, erschöpfend abzuurteilen. Unter der Tat sind nicht die im Eröffnungsbeschluß hervorgehobenen Geschehnisse zu verstehen, sondern die gesamte Tätigkeit des Angeklagten, die damit einen einheitlichen Vorgang bildete und nach natürlicher Auffassung in einem inneren Zusammenhang mit ihnen steht. Gegenstand der öffentlichen Klage sind die einen einheitlichen Vorgang solcher Art darstellenden Vorkommnisse selbst dann, wenn der Eröffnungsbeschluß davon abgesehen hat, sie zum Gegenstand der Anschuldigung zu machen, ihre Zugehörigkeit zu der in der Anklage bezeichneten Tat vielmehr erst in der Hauptverhandlung zutage tritt. Eine solche Umgestaltung des ursprünglichen Gegenstands der Anklage ist nicht geeignet, die Gleichheit der Tat in Frage zu stellen; sie ist namentlich dann geboten, wenn das, was der Eröffnungsbeschluß als selbständige Straftaten angesehen hat, nach dem Er-

gebnis der Hauptverhandlung eine andere rechtliche Beurteilung erfahren muß, derzufolge es als eine einzige fortgesetzte Handlung anzusehen ist. Ob dabei, besonders im Rahmen des Fortsetzungszusammenhangs, die Urteilsfindung auf Geschehnisse erstreckt wird, die selbst der erste Richter noch nicht einbezogen hat, und die erst in der Berufungsverhandlung als zu der Tat gehörig ermittelt oder zur Sprache gebracht werden, ist ohne Belang; denn auch das Berufungsurteil hat, wenn es rechtskräftig wird, den Verbrauch der Strafklage wegen der ganzen vom Eröffnungsbeschluß umfaßten Tat zur Folge und demgemäß muß in diesem Umfang das Recht und die Pflicht zur Umgestaltung der Strafklage auch dem Berufungsgericht zuerkannt werden. Seine Urteilsfindung ist nicht beschränkt auf das, was der erste Richter als Tat ermittelt und gewürdigt hat, sondern hat sich auf all das zu erstrecken, was von diesem bei erschöpfender tatsächlicher und rechtlicher Würdigung als die unter Anklage gestellte Tat zu erfassen gewesen wäre, darüber hinaus aber auch noch auf etwaige begrifflich zur Tat gehörige, erst nach dem angefochtenen Urteil geschehene Begebenheiten. Auf diese Weise kann allerdings dem Angeklagten ein Rechtszug verloren gehen, indem dem Urteil Vorkommnisse zugrunde gelegt werden, die der erste Richter unberücksichtigt gelassen oder ausdrücklich ausgeschieden hat. Das Wesen der Berufung besteht eben gerade darin, daß in völliger Unabhängigkeit von dem Verfahren der ersten Instanz und dessen Ergebnissen über den Gegenstand der Anklage neu zu verhandeln und dabei auch allen zutage tretenden Änderungen der Sachlage Rechnung zu tragen ist. Nur die Einbeziehung einer neuen selbständigen Straftat in das Strafverfahren ist in der Berufungsverhandlung ausgeschlossen. (II, 19. Dezember 1927.) Amtl. Sammlg. S. 130—136.
Vgl. Bd. 24 S. 370; Bd. 39 S. 337; Bd. 42 S. 91; Bd. 46 S. 149, 218; Bd. 51 S. 127; Bd. 56 S. 324; Bd. 60 S. 39; Bd. 61 S. 6, 78, 236; RGZ. Bd. 101 S. 64.

37. **Abtreibung. Notstand.** (StGB. §§ 54, 218.) Die Anerkennung des Rechtfertigungsgrundes des übergesetzlichen Notstands beruht auf dem Rechtsgrundsatz, daß es dann, wenn zwei rechtlich geschützte Güter in Widerstreit geraten und das eine nur auf Kosten des anderen erhalten werden kann, nicht gegen die Rechtsordnung verstößt, also

nicht rechtswidrig ist, das höherwertige auf Kosten des geringerwertigen zu wahren. Die Anwendung des Rechtsgrundsatzes auf den Einzelfall setzt also voraus, daß vor der Notstandshandlung die im Widerstreit stehenden Güter wirklich pflichtmäßig abgewogen werden, daß insbesondere gewissenhaft geprüft wird, ob überhaupt ein Widerstreit rechtlich geschützter Güter vorliegt, der nur durch Verletzung des einen Gutes gelöst werden kann. Fehlt es an einer solchen Prüfung, so besteht der Rechtfertigungsgrund selbst dann nicht, wenn nachträglich festgestellt wird, daß die sonstigen Voraussetzungen gegeben waren. Soweit Gefahr im Verzug ist, muß die pflichtgemäße Prüfung unter Umständen das Werk eines Augenblicks sein. Liegt aber nicht Gefahr im Verzug vor und verfügt weder die in Notstand befindliche noch die zur Nothilfe bereite Person über die zur Beurteilung der Sachlage erforderliche Fähigkeit, so ergibt sich aus der Verpflichtung zur gewissenhaften Prüfung die Pflicht, eine sachkundige Person beizuziehen. Gerade die Frage, ob es zur Erhaltung des Lebens oder zur Abwendung einer schweren Gesundheitsschädigung der Schwangeren unbedingt geboten ist, die Schwangerschaft zu unterbrechen, kann in der Regel nur von einem Arzt beurteilt werden. Insbesondere darf sich eine nicht sachkundige Person, die von einer Schwangeren um Nothilfe angegangen wird, nicht damit begnügen, daß ihr die Schwangere ihre Befürchtung schlimmer Folgen der Schwangerschaft vorträgt und vielleicht auch noch die ungewisse Behauptung aufstellt, ein Arzt habe ihre Befürchtung bestätigt. Die künstliche Unterbrechung der Schwangerschaft wird vielmehr kaum je als rechtmäßig anerkannt werden können, wenn nicht ihre Notwendigkeit durch einen zuverlässigen Arzt zweifelsfrei festgestellt worden ist. (I, 20. April 1928.) Amtl. Sammlg. S. 137—140.

Vgl. Bd. 59 S. 330, 404; Bd. 61 S. 258.

38. **Fristberechnung.** (StPO. § 43.) Wegen eines Verbrechens der Urkundenfälschung wurde Anklage erhoben. Der Angeschuldigte beantragte, ihm einen Verteidiger zu bestellen. Das Amtsgericht lehnte den Antrag als verspätet ab. Die Anklageschrift war am 18. August 1927 zugestellt worden, der Antrag am 22. August 1927 eingegangen; der 21. August war ein Sonntag gewesen. Die Beschwerde wurde verworfen. Im Verfahren stand dem

Angeklagten kein Verteidiger zur Seite. Seine Revision hatte Erfolg. Wenn das Ende einer Frist auf einen Sonntag fällt, endet die Frist mit dem Ablauf des nächstfolgenden Werktags. Das gilt auch für die Fristen, die nur nach Tagen bestimmt sind; die Tatsache, daß der Ablauf einer Frist an einem Sonntag oder Feiertag die Einhaltung der Frist erschwert und ihrer Verkürzung um den letzten wichtigsten Tag gleichkommen würde, ist bei einer nur nach Tagen bestimmten Frist von noch größerer Bedeutung als bei einer längeren Frist. Der Antrag war also noch rechtzeitig angebracht; durch seine Ablehnung wurde der Angeklagte in seiner Verteidigung unzulässig beschränkt. (II, 23. April 1928.)

Amtl. Sammlg. S. 140—142.

Vgl. Bd. 33 S. 302; Bd. 42 S. 95; Bd. 57 S. 266.

39. **Meineid. Strafermäßigung. Eidesverweigerungsrecht. Belehrung.** (StGB. § 157; StPO. §§ 52, 58.) Ein Zeuge wurde in einem Verfahren seines Schwagers vernommen. Über sein Zeugnisverweigerungsrecht belehrt, erklärte er sich zur Aussage bereit. Er wurde dann beeidigt, ohne über sein Recht, die Beeidigung des Zeugnisses zu verweigern, belehrt worden zu sein. Wegen Meineids verurteilt, berief er sich darauf, daß er Anspruch auf Strafermäßigung habe. Das Reichsgericht erklärte diese Auffassung für irrig. Die Strafermäßigung tritt ein, wenn der Zeuge die falsche Aussage zugunsten einer Person, rücksichtlich welcher er die Aussage ablehnen durfte, erstattet hat, ohne über sein Recht, die Aussage ablehnen zu dürfen, belehrt worden zu sein. Diese Belehrung war dem Angeklagten erteilt worden. Verschieden von der Aussage ist ihre eidliche Bekräftigung; diese ist kein Teil der Aussage als solcher und demgemäß ist auch das Recht, die Aussage abzulehnen, etwas durchaus anderes als das Recht, ihre eidliche Bekräftigung zu verweigern. Wenn daher die Strafermäßigung nur von der Unterlassung der Belehrung über das Recht der Verweigerung der Aussage abhängig gemacht ist, gilt das nicht auch für die Unterlassung der Belehrung über das Recht, die Beeidigung der Aussage zu verweigern. Erklärt ein solcher Zeuge sich zur Aussage bereit, so muß er seine Aussage so einrichten, daß er sie auf Verlangen beeidigen kann; eine Zwangslage besteht für ihn nicht, da er die Bereitwilligkeit zur Aussage und da-

mit die Bereitwilligkeit zur Eidesleistung auch während der Vernehmung widerrufen kann. (II, 26. April 1928.)

Amtl. Sammlg. S. 142—144.
Vgl. Bd. 40 S. 47.

40. Anreizung zum Klassenhaß. Öffentliche Gerichtsverhandlung. Amtliches Schriftstück. Bericht. (StGB. § 130; GVG. § 169; RVerf. Art. 30; PreßG. § 17.) In einer öffentlichen Gerichtsverhandlung war ein Gedicht verlesen worden, durch das Arbeiter öffentlich angereizt wurden, sich unter Anwendung von Gewalt gegen die besitzenden Klassen bessere Lebensbedingungen zu verschaffen. Der Abdruck des Gedichts in einer Zeitung erfüllte denselben Tatbestand. Die Ansicht, daß der Abdruck eines in öffentlicher Gerichtsverhandlung verlesenen Schriftstücks unbeschränkt gestattet sei, ist rechtsirrig. Die Sondervorschrift der Reichsverfassung, wonach wahrheitsgetreue Berichte über die Verhandlungen in den öffentlichen Sitzungen des Reichstags, eines Landtags oder ihrer Ausschüsse von jeder Verantwortlichkeit freibleiben, findet auf Berichte über öffentliche Gerichtsverhandlungen keine entsprechende Anwendung. Das Landgericht hat auch festgestellt, daß der Angeklagte nicht lediglich einen wahrheitsgetreuen Bericht über die Verhandlung bringen wollte, sondern daß er glaubte, die günstige Gelegenheit wahrnehmen zu können, um unter dem Deckmantel eines Prozeßberichts eine neue Veröffentlichung des beanstandeten Gedichts vorzunehmen. Belanglos war, ob das Gedicht die Eigenschaft eines amtlichen Schriftstücks dadurch erlangte, daß es als Beweismittel für die Schuldfrage ein Bestandteil der Strafakten geworden war. Durch die Vorschrift, welche die Veröffentlichung amtlicher Schriftstücke eines Strafverfahrens verbietet, bevor sie in öffentlicher Verhandlung kundgegeben worden sind oder das Verfahren sein Ende erreicht hat, wird nicht der Verbreitung von amtlichen Aktenstücken nach diesem Zeitpunkt Straffreiheit zugesichert (II, 30. April 1928.)

Amtl. Samml. S. 145—147.
Vgl. Bd. 1 S. 20; Bd. 46 S. 358; Bd. 54 S. 27; Bd. 59 S. 181.

41. Zeugenvernehmung. Meineid. (StGB. § 156; StPO. § 69.) Die Vernehmung eines Zeugen wurde in der Weise durchgeführt, daß ihm das Protokoll über seine frühere Vernehmung vor der Polizeibehörde vorgelesen wurde und er sodann gefragt wurde, ob er das in allen Punkten beschwören könne; nachdem er die Frage bejaht hatte, wurde er beeidigt. Seine Verurteilung wegen Meineids wurde bestätigt. Der Richter hatte allerdings gegen die Vorschrift verstoßen, wonach jeder Zeuge zu veranlassen ist, das, was ihm vom Gegenstand seiner Vernehmung bekannt ist, im Zusammenhang anzugeben. Diese Vorschrift ist nicht nur eine Ordnungsvorschrift; der Richter ist verpflichtet, dem Zeugen, ehe er Fragen an ihn richtet, zunächst Gelegenheit zu eigener zusammenhängender Darlegung zu geben. Diese Bindung des Richters besteht nicht nur für die erste, sondern auch für die weiteren Vernehmungen eines Zeugen in einer Strafsache. Es ist unstatthaft, bei der späteren Vernehmung dem Zeugen vor seiner Aussage die frühere Aussage vorzulesen. Die Nichtbeachtung dieser Vorschriften schloß aber die Bestrafung des Angeklagten nicht aus; die unter allen Umständen bestehende Pflicht, auf Grund des geleisteten Eides die Wahrheit zu sagen, ist der maßgebende Gesichtspunkt, dem gegenüber bloß formale Voraussetzungen belanglos erscheinen. Die Auffassung, daß eine Vernehmung, bei der bindende Vorschriften nicht beachtet worden sind, nicht als Vernehmung angesehen werden könne, ist rechtsirrig. (II, 30. April 1928.)

Amtl. Sammlg. S. 147—149.

Vgl. Bd. 6 S. 267; Bd. 25 S. 30; Bd. 36 S. 278; Bd. 38 S. 102.

42. **Raumwucher. Mietausfall. Übermäßiger Verdienst. Sondervergütung.** (MSchG. § 49a; PrTrVO. § 4.) Die gesetzliche Miete stellt zwar für den Regelfall ein ausreichendes Entgelt für die Gewährung der vermieteten Räume dar, schließt aber nicht unter allen Umständen einen ausreichenden Verdienst des Hausbesitzers ein; bei der Prüfung, ob eine daneben gewährte Vergütung als angemessen anzusehen ist, sind darum die besonderen Umstände des einzelnen Falles zu berücksichtigen. Zu diesen gehört vor allem das Verhältnis zwischen den Einnahmen und Ausgaben des Hauses. Auf diese Verhältnisse sind Mietausfälle von wesentlichem Einfluß. Im allgemeinen sind diese zwar in der gesetzlichen Miete, deren Höhe sich nach der Friedensmiete berechnet, mit berücksichtigt, aber

wenn sie das übliche Maß übersteigen oder wenn diese Berücksichtigung bei der Feststellung der Friedensmiete im Einzelfall nicht ausreicht, besteht kein grundsätzliches Bedenken dagegen, daß der Hausbesitzer, um bei den durch die Zwangsbewirtschaftung der Wohnungen geschaffenen Schwierigkeiten zu einer Erhöhung der laufenden Mietzinsbeträge zu gelangen, in einzelnen geeigneten Fällen Sondervergütungen zu erlangen sucht. Allerdings darf er den ihm entstandenen Verlust nicht einem einzelnen Mieter in unangemessener Weise aufbürden, er muß ihn vielmehr unter sämtliche Mieter, soweit ihm dies bei seiner Gebundenheit an die gesetzliche Miete bei laufenden Mietverhältnissen möglich ist, verteilen und dabei besonders das Verhältnis der Höhe der dem einzelnen Mieter abverlangten Sondervergütung zu der ihm durch Überlassung der Wohnung oder der Gewerbsräume gewährten Leistung beachten. Wenn durch Nichtzahlung von Mietzins seitens eines Mieters Ausfälle entstehen und diese auch noch durch aufzuwendende Kosten erhöht werden, so rechnen diese Ausfälle zu den allgemeinen Unkosten des Hauses und dürfen wenigstens in den Fällen, in denen der neue Mieter nicht in den Vertrag des ausgezogenen, mit seinen Zahlungen im Rückstand befindlichen bisherigen Mieters eintritt, keinesfalls in voller Höhe als eine Last, die der einzelnen freigewordenen Wohnung anhängt, dem neuen Mieter aufgebürdet, vielmehr nur ebenso wie sonstige Allgemeinunkosten anteilig gerechnet werden. Dem Verlangen von Sondervergütungen ist weiter eine Grenze insoweit gesetzt, als sie unter Berücksichtigung der gesamten Verhältnisse angemessen erscheinen müssen. Das ist nicht in vollem Umfang gleichbedeutend mit dem in der Preistreibereiverordnung aufgestellten Verbot übermäßigen Verdienstes; die dafür ausgestellten Grundsätze sind nicht alle auch hier anwendbar. Kann z. B. ein Grundstück wegen seiner besonderen Verhältnisse, etwa weil dafür ein zu hoher Kaufpreis bezahlt worden ist oder weil die Instandsetzung höhere Aufwendungen verursacht hat, einen Verdienst nur dann abwerfen, wenn die Mieten diejenigen erheblich übersteigen, die für derartige Mieträume in derselben Gegend üblich sind und in anderen Fällen auch einen angemessenen Verdienst zulassen, so muß eine Forderung als unangemessen angesehen werden, die, ohne zu einem übermäßigen Verdienst zu führen, doch in keinem richtigen Verhältnis zu der durch Überlassung der Mieträume gewährten Gegenleistung steht. (II, 30. April 1928.)

Amtl. Sammlg. S. 149—153.
Vgl. Bd. 61 S. 130, 326.

43. **Beiseiteschaffen von Grundstücken.** (KO. §§ 15, 293; BGB. § 873; GBO. § 13.) Am 31. Januar 1925 veräußerte ein Mann ein Grundstück an seine Frau; am 26. März wurde diese als Eigentümerin im Grundbuch eingetragen. Am 20. März war über das Vermögen des Mannes der Konkurs eröffnet worden. Die Erwirkung der Eintragung des Eigentumsübergangs war als Beiseiteschaffung des Grundstücks zu erachten, nachdem ein Gegenwert in das Vermögen des Veräußerers nicht gelangt war. Das obligatorische Verkaufsgeschäft selbst und die dingliche Einigung über den Eigentumsübergang reichten hiefür nicht aus; es war auch gleichgültig, wann der Antrag auf Umschreibung gestellt wurde. Durch die Umschreibung wurde das Grundstück dem Zugriff des Konkursverwalters entzogen. Er konnte allerdings Schritte tun, um es zur Masse zu ziehen; darauf konnte sich aber der Angeklagte nicht berufen, da er keinen Anspruch darauf hatte, daß der Erfolg seiner Straftat abgewendet wurde. (III, 7. Mai 1928.) Amtl. Sammlg. S. 152—153.

Vgl. Bd. 61 S. 107.

44. **Sprungrevision. Gemischte Rechtsnorm. Verbrauch der Strafklage. Rechtskraft. Einstellung. Ne bis in idem.** (StPO. §§ 204, 210, 211, 335, 340.) In einem Verfahren wegen Meineids wurde nach Durchführung der Voruntersuchung der Angeschuldigte in 14 Punkten wegen mangelnden Beweises außer Verfolgung gesetzt, in einem Punkt wegen fahrlässigen Falscheides das Verfahren gegen ihn eröffnet. Das Schöffengericht erkannte auf Einstellung des Verfahrens wegen Verbrauchs der Gesamtstrafklage. Die hierauf gestützte Sprungrevision wurde für zulässig erklärt und hatte Erfolg. Ist ein Beschluß, durch den die Eröffnung des Hauptverfahrens abgelehnt worden ist, rechtskräftig geworden, so kann eine neue Anklage wegen derselben Tat nur auf Grund neuer Tatsachen oder Beweismittel erhoben werden. Diese Vorschrift, die nicht nur eine Weisung für die Staatsanwaltschaft, sondern ein zwingendes Verbot enthält und dem Angeklagten gegen eine neue

Klageerhebung Schutz gewährt, gehört sowohl dem Strafrecht wie dem Verfahrensrecht an, kann also zur Grundlage einer Sprungrevision gemacht werden. Da es sich um eine einzige Aussage handelte, war der Beschluß der Strafkammer, der den Angeklagten teilweise außer Verfolgung setzte, unzulässig und hinderte die weitere Strafverfolgung nicht. (II, 7. Mai 1928.) Amtl. Sammlg. S. 153—155. Vgl. Bd. 46 S. 67, 218; Bd. 48 S. 89; Bd. 49 S. 170, 243; Bd. 50 S. 370; Bd. 61 S. 225.

45. **Parteiverrat. Altenteil. Irrtum.** (StGB. §§ 59, 356; RAO. § 31.) Im Auftrag eines Altsitzers erhob ein Rechtsanwalt Klage gegen dessen Sohn als Grundstücksübernehmer auf Ablösung des Altenteils gegen eine Goldrente, weil durch schuldhaftes Verhalten des Beklagten das weitere Verbleiben auf dem Grundstück unmöglich gemacht worden sei. Der Rechtsstreit wurde durch einen Vergleich erledigt. Bald nachher erhob derselbe Rechtsanwalt im Auftrag des Sohnes Klage gegen dessen Vater auf Ablösung des Altenteils gegen eine Geldrente. Auf den Vorwurf des Parteiverrats legte er die Vertretung nieder. Die Strafkammer sprach ihn frei; das Reichsgericht verwies die Sache zurück. Die Rechtssache, um die es sich in beiden Fällen handelte, war das Altenteilsverhältnis, gleichviel, welcher einzelne daraus erwachsene Anspruch den Streitgegenstand des Einzelprozesses bildete und ob zu seiner Entstehung erst das Hinzutreten neuer Tatsachen mitgewirkt hatte. Das Landgericht hatte die Freisprechung darauf gestützt, daß der Angeklagte sich in einem entschuldbaren Irrtum befunden hatte. In dieser Hinsicht war zwischen den beiden Merkmalen: Dieselbe Rechtssache und Pflichtwidrigkeit zu unterscheiden. Das erste Merkmal war ein strafrechtlicher Begriff, ein Irrtum hierüber also unbeachtlich; das zweite Merkmal wurzelte (abgesehen von dem in ihm enthaltenen Bestandteil „dieselbe Rechtssache") in der Rechtsanwaltsordnung, war also außerstrafrechtlich und ein Irrtum hierüber schloß eine Schuld des Angeklagten aus. Kannte der Angeklagte diejenigen Tatsachen, aus denen sich bei zutreffender rechtlicher Beurteilung das Vorliegen derselben Rechtssache ergab, so kam es auf seine Annahme, es handle sich um verschiedene Rechtssachen, nicht an. Die Übernahme des zweiten Auftrags war gleichwohl nicht notwendig pflichtwidrig; insbesondere war

das nicht der Fall, wenn der frühere Auftraggeber mit der Übernahme des neuen Auftrags einverstanden war. Ein Irrtum hierüber schützte den Angeklagten vor Strafe, da der Begriff der Pflichtwidrigkeit auf außerstrafrechtlichem Gebiete liegt. Die Feststellungen des Landgerichts reichten für die Annahme eines solchen Irrtums nicht aus. (III. 10. Mai 1928.) Amtl. Sammlg. S. 155—159. Vgl. Bd. 45 S. 305; Bd. 58 S. 247; Bd. 60 S. 298, 302.

46. **Körperverletzung. Grausame Behandlung.** (StGB. § 223 a.) Eine geisteskranke Frau wurde von ihrem Bruder, bei dem sie wohnte, in einem versperrten Raum verwahrt: körperliche Pflege wurde ihr nicht zuteil, so daß sie selbst sowie der Raum voll Unrat war. Die Verurteilung wegen Freiheitsberaubung und gefährlicher Körperverletzung wurde bestätigt. Eine grausame Behandlung war schon darin zu finden, daß die Frau in dem ohnehin schon menschenunwürdigen Raum auch im Winter verwahrt wurde, obwohl der Raum nicht heizbar war. Ob die Behandlung von der kranken Frau selbst als grausam empfunden wurde, machte nichts aus; es genügte, daß andere Personen, welche die Behandlung wahrnahmen und deren Gefühlsleben natürlich und gesund war, diese Empfindung hatten. (I, 11. Mai 1928.) Amtl. Sammlg. S. 160—161.

47. **Schwere Körperverletzung. Wichtiges Glied.** (StGB. § 224.) Durch eine Körperverletzung war der rechte Goldfinger verloren gegangen. Die Verurteilung wegen schwerer Körperverletzung wurde vom Reichsgericht nicht bestätigt. Bei der Beurteilung der Frage, ob der verlorene Finger ein wichtiges Glied des Körpers des Verletzten war, kam es nicht auf dessen besondere Verhältnisse, sondern darauf an, welche Wichtigkeit ihm für den Menschen im allgemeinen zukommt. Der Goldfinger kann, wie auch schon seine geringe selbständige Beweglichkeit dartut, leichter entbehrt werden als der Zeigefinger oder selbst der Mittelfinger. Geht er verloren, so werden seine Verrichtungen im wesentlichen von den übrigen Fingern mit übernommen. Eine erhebliche Beeinträchtigung der für jedermann in Betracht kommenden Lebensbetätigungen ist also mit dem Verlust dieses Fingers nicht verbunden. (II, 10. November 1927.)

Amtl. Sammlg. S. 161—163.
Vgl. Bd. 58 S. 173.

48. **Glückspiel. Automat. Gewerbsmäßigkeit. Irrtum.** (StGB. §§ 59, 284, 284 a, 285.) In einer Wirtschaft wurde ein Spielautomat aufgestellt. Der Spieler hatte zunächst ein 10 Pfg.-Stück einzuwerfen und dann durch einen Griff eine kleine Kugel in das Spielfeld zu bringen. Sie rollte dort durch verschiedene Hindernisse abwärts. Gelang es dem Spieler, sie in einem verschiebbaren Fangbecher aufzufangen, so erhielt er 20 Pfg. zurück; andernfalls war der Einsatz für ihn verloren. Der Aufsteller wurde wegen gewerbsmäßigen Glückspiels verurteilt. Seine Revision wurde verworfen. Durch eine große Zahl von Versuchen war festgestellt worden, daß ungefähr 36% Treffer erzielt werden konnten. Auf Grund der Erfahrungen des täglichen Lebens hatte das Berufungsgericht angenommen, daß die von den Spielern erzielten Durchschnittsergebnisse infolge besonderer Umstände (jugendliches Alter der Spieler, Alkoholgenuß, Ablenkung durch andere Gäste usw.) erheblich hinter diesem Satz zurückblieben. Damit war der Tatbestand des Glückspiels erfüllt. Ein Glückspiel ist ein Spiel, bei den nach den Vertragsbedingungen, die von dem einen Teil ausdrücklich oder durch schlüssige Handlung angeboten und von dem andern Teil angenommen werden, die Entscheidung über Gewinn oder Verlust nicht wesentlich von den Fähigkeiten und Kenntnissen sowie von dem Grad der Aufmerksamkeit der Spieler, sondern allein oder hauptsächlich vom Zufall, d. h. vom Wirken unberechenbarer, dem Einfluß der Beteiligten entzogener Ursachen abhängt. Maßgebend ist der allgemeine Charakter des Spiels, den es bei den Verhältnissen, unter denen es gespielt wird, hat und nach der Absicht des Veranstalters haben soll und hiefür ist wieder von ausschlaggebender Bedeutung der gewöhnliche Verlauf der Dinge, der bei Berücksichtigung der dargebotenen Spieleinrichtungen und Spielregeln sowie der Fähigkeiten und Kenntnisse des Durchschnitts der als Spieler in Betracht kommenden Personen erwartet werden kann. Hiernach ist bei Geldspielautomaten eine Geschicklichkeitsspiel anzunehmen, wenn nach den Spieleinrichtungen und Spielregeln, insbesondere nach der Beschaffenheit des Automaten, der Durchschnitt der Personen, denen das Spiel eröffnet ist, es mit hoher Wahrscheinlichkeit in der Hand hat, durch Geschicklichkeit den Ausgang des Spiels zu bestimmen; dagegen ist ein Glückspiel anzunehmen, wenn

die Wahrscheinlichkeit, auf den Ausgang durch Geschicklichkeit einzuwirken, für den Durchschnitt der in Betracht kommenden Spieler so gering ist, daß bei der Mehrzahl der Einzelspieler hiermit nicht gerechnet werden kann. Im vorliegenden Fall vollzog sich das Spiel zwischen dem Angeklagten und den Personen, denen gegen ihren Einsatz für den Fall eines günstigen Ausgangs des Spiels ein Geldgewinn in Aussicht gestellt war. Es stand im Belieben des Spielers, ob er Geschicklichkeit anwenden oder ob er es dem Zufall überlassen wollte, über Gewinn oder Verlust zu entscheiden. Aber auch der Spieler, der sich die Geschicklichkeit eines Durchschnittsspielers aneignete, war bei durchschnittlich 64% aller Spiele außerstande, durch seine Geschicklichkeit zu verhindern, daß der Erfolg dem Veranstalter zufiel. Die Glückspieleigenschaft blieb aber auch dann bestehen, wenn infolge der Bauart des Automaten im ganzen durchschnittlich etwa 50% Treffer erzielt und hievon etwa die Hälfte auf Geschicklichkeit zurückgeführt werden könnten, da dann die Entscheidung immer noch bei 75% aller Einzelspiele vom Zufall abhing. Unerheblich ist auch der Umstand, ob der Unternehmer des Spiels dabei verdient oder zuzahlt; das tritt am deutlichsten bei einem Glückshafen zutage, der vom Veranstalter so eingerichtet wird, daß ihm auch beim Absatz aller Lose kein Gewinn verbleibt. Da der Angeklagte den Automaten ohne Erlaubnis der zuständigen Behörde aufgestellt hatte, war der äußere Tatbestand des verbotenen Glückspiels erfüllt. Der innere Tatbestand erforderte lediglich, daß der Angeklagte gehandelt hatte trotz Kenntnis der Tatumstände, in denen die gesetzlichen Merkmale des äußeren Tatbestandes zu finden waren. Diese Voraussetzung war festgestellt. Wenn der Angeklagte trotzdem glaubte, daß es sich um kein Glückspiel handelte, befand er sich in einem unbeachtlichen Strafrechtsirrtum; das galt auch dann, wenn er in einem solchen Irrtum durch behördliche Auskünfte oder gerichtliche Urteile bestärkt wurde. Da der Angeklagte die Spielverträge in der unverkennbaren Absicht schloß, sich durch die fortgesetzte Veranstaltung der Spiele eine dauernde Einnahmequelle zu verschaffen, machte er aus dem Glückspiel ein Gewerbe. (I, 18. Mai 1928.)

Amtl. Sammlg. S. 163—172.

Vgl. Bd. 14 S. 28; Bd. 16 S. 83; Bd. 25 S. 192; Bd. 34

S. 140; Bd. 38 S. 204; Bd. 41 S. 218, 331; Bd. 42 S. 68; Bd. 43 S. 23, 155; Bd. 61 S. 12.

49. **Glückspiel. Fahrlässigkeit.** (StGB. § 284.) Nur vorsätzliches Glückspiel ist strafbar. Daß für vorsätzliches und fahrlässiges Handeln der gleiche Strafrahmen gilt, kommt bei Vergehen nur in Ausnahmefällen vor. (I, 18. Mai 1928.) Amtl. Sammlg. S. 172—173.
Vgl. Bd. 27 S. 3.

50. **Gerichtsvollzieher. Amtsunterschlagung.** (StGB. § 350.) Einem Gerichtsvollzieher kam ein Betrag von 1200 RM., den er durch Vollstreckungshandlungen eingenommen hatte, durch sein Verschulden abhanden. Um eine Entdeckung zu verhüten, befriedigte er die Gläubiger, an die er das Geld hätte abliefern sollen, mit Beträgen, die er für andere Gläubiger einnahm. Er wurde wegen Amtsunterschlagung verurteilt. Seine Revision wurde verworfen. Auch wenn der Angeklagte vor hatte, aus eigenen Mitteln Ersatz zu leisten, sobald er hierzu in der Lage wäre, verwendete er doch die Gelder, mit denen er die von ihm zu ersetzenden Fehlbeträge ausglich, wirtschaftlich für sich und führte sie mindestens ihrem Sachwert nach in sein Vermögen über. Damit war der Begriff der Aneignung erfüllt. Anders war der früher entschiedene Fall zu beurteilen, in dem ein Gerichtsvollzieher mit Geldern, die er für bestimmte Gläubiger eingenommen hatte, andere stark drängende Gläubiger wegfertigte; hier wollte der Angeklagte nicht einen von ihm zu ersetzenden Fehlbetrag verdecken. Auch darin, daß ein Eisenbahnbeamter aus der von ihm geführten Fahrkartenkasse in die ihm gleichfalls unterstehende Güterkasse Gelder übernahm, um einen in dieser entstandenen, von ihm noch nicht aufgeklärten Fehlbetrag vor seiner Behörde zu verdecken, war eine Zueignung nicht gefunden worden, da das Geld nicht aus dem Eigentum und Besitz der Eisenbahn ausschied. (I, 18. Mai 1928.) Amtl. Sammlg. S. 173—175.
Vgl. Bd. 61 S. 228.

51. **Branntweinmonopol. Vermutungstatbestand. Widerlegung. Versuch.** (BranntwMonG. §§ 58, 87, 119, 120, 121, 147, 154; WeinG. §§ 24, 29; TabStG. §§ 58, 59; BranntwVerwO. §§ 40, 41, 59, 60, 63, 64, 71, 81; RAbgO. § 360). Aus Sprit und Benzol wird ein Betriebsstoff für Motoren hergestellt, der als Monopolin bezeichnet

wird. Ein Chemiker versuchte, durch Ausscheiden des Benzols reinen Sprit zu gewinnen, um daraus Trinkbranntwein herzustellen. Ehe das Verfahren beendet war, wurde die Sache entdeckt. Es wurde eine Strafe wegen vollendeter Hinterziehung verhängt. Das Reichsgericht entschied, daß nur versuchte Hinterziehung gegeben war. Monopolin ist als vergällter Branntwein zu behandeln; diesem sind durch die Branntweinverwertungsordnung hinsichtlich des Verbots der Ausscheidung der Zusatzstoffe alle Erzeugnisse aus Branntwein gleichgestellt, der zu Genußzwecken unbrauchbar gemacht worden ist. Das Vorgehen des Angeklagten begründete einen Vermutungstatbestand, wonach die Bestrafung wegen Hinterziehung eintrat, ohne daß der Vorsatz der Hinterziehung festgestellt zu werden brauchte. Diese Vermutung war jedoch widerlegbar und zwar nicht nur hinsichtlich des Vorsatzes der Hinterziehung, sondern auch hinsichtlich des Eintritts einer Abgabenverkürzung. Im früheren Branntweinsteuergesetz war allerdings ausdrücklich bestimmt, daß beim Vorliegen eines der Vermutungstatbestände eine Bestrafung wegen Hinterziehung nicht eintreten solle, wenn eine Vorenthaltung der Abgabe nicht stattgefunden hat. Das Reichsgericht hat aber schon für das Weingesetz trotz des Fehlens einer solchen ausdrücklichen Bestimmung angenommen, daß der Gegenbeweis gegen die Vermutung zulässig sei, weil eine vollendete Hinterziehung den Eintritt einer Verkürzung voraussetzt und dieser nach der Rechtsvermutung als gegeben angesehene Erfolg sich ohne weiteres widerlegt, wenn nachgewiesen wird, daß das in Betracht kommende Tun eine Steuerverkürzung nicht herbeigeführt hat und nicht herbeiführen konnte, insbesondere weil es die Steuerpflicht nicht zur Entstehung brachte. Ebenso ist für das Gebiet des Tabaksteuergesetzes schon entschieden worden, daß die Vermutung der Hinterziehung selbstverständlich durch den Nachweis entkräftet werden könne, daß ein Steueranspruch überhaupt nicht entstanden sei. Das muß auch für das Branntweinmonopolgesetz gelten, zumal dieses selbst Bestimmungen enthält, die eine Widerlegbarkeit der zu vermutenden Abgabenverkürzung und der davon abhängigen Vollendung der Hinterziehung voraussetzen (§§ 122, 123). Dem läßt sich auch nicht entgegenhalten, daß durch die Abgabenhinterziehung als solche eine Abgabenschuld begründet wird und daß dies auch für die Fälle einer zu vermutenden Hinterziehung gilt; denn im Falle der Widerlegung der Vermutung, daß eine Hinterziehung begangen, insbesondere auch vollendet worden ist, fehlt es an diesem naturgemäß eine vollendete Hinterziehung voraussetzenden Entstehungsgrund einer lediglich durch die Zuwiderhandlung begründeten Verpflichtung zur Entrichtung der dadurch hinterzogenen Abgabe. Vielmehr liegt eine nur versuchte Hinterziehung auch dann vor, wenn zwar der äußere Tatbestand eines der Fälle des § 120 festgestellt und der Hinterziehungsvorsatz erwiesen oder zu vermuten ist, zugleich aber sich ergibt, daß es zu einer Verkürzung der Abgabe trotzdem nicht gekommen ist. Eine solche Verkürzung war mit der Vollendung der Entgällung noch nicht eingetreten. Zwar ist die Wiedergewinnung von Branntwein aus vergälltem Branntwein ihrem Wesen nach eine Herstellung von Branntwein, die der Genehmigung bedarf; die Abgabepflicht tritt aber nicht schon mit der Herstellung ein, sondern erst mit dem Übergang des Erzeugnisses in den freien Verkehr. Für den aus dem Ausland eingeführten Branntwein ist das ausdrücklich bestimmt; für den im Inland hergestellten Branntwein gilt aber wesentlich dasselbe. Wird er, wie das die Regel bildet, an die Monopolverwaltung abgeliefert, so erwächst dieser hieraus noch keine Monopoleinnahme, sondern nur die Möglichkeit und die Befugnis, den Branntwein zu verwerten und daraus Monopoleinnahmen zu erzielen. Der Vorgang, von dem das abhängt, ist also der Übergang des Branntweins in den freien Verkehr. Wenn der Branntwein zunächst in ein amtlich überwachtes Branntweineigenlager gebracht wird, ist er zwar bereits bedingt mit der Abgabe belastet, zu entrichten ist diese aber erst mit der Entfernung aus der amtlichen Überwachung. Das gilt im Wesentlichen auch für den von der Ablieferungspflicht befreiten, dem Hersteller zur eigenen Verwertung verbleibenden Branntwein. Für ihn entsteht die Branntweinaufschlagsschuld mit seiner Gewinnung, also erst, nachdem er als hergestellter Branntwein ablieferungspflichtig wäre; solange er in der Herstellung begriffen ist, unterliegt er weder der Ablieferungspflicht, noch ist für ihn eine Abgabe zu entrichten. Dieser Gesichtspunkt muß entsprechend Anwendung finden, wenn jemand Branntwein unbefugt herstellt, gleichviel, ob das durch heimliches Brennen oder durch heimliches Entgällen geschieht; insbesondere muß auch in diesem Fall für die Entstehung und die Verkürzung eines Anspruchs auf die Monopoleinnahme vorausgesetzt werden, daß es sich um ein bereits fertiges, mindestens vermeintlich verwendungsbereites Branntweinerzeugnis handelt, ohne daß es freilich dabei auf seine wirkliche Tauglichkeit zur Verwertung als Branntwein ankommt. Soweit war im vorliegenden Falle die unternommene Vergällung weder in Wirklichkeit noch nach der Vorstellung des Angeklagten gediehen, vielmehr mußte der erst teilweise entgällte Branntwein einer Weiterbehandlung unterzogen werden, um zur Herstellung von Trinkbranntwein verwendbar zu sein. Infolgedessen war ein Anspruch auf eine Monopoleinnahme noch nicht begründet; wenn auch das teilweise entgällte Monopolin sich im freien Verkehr befand, war doch die unternommene Herstellung von Branntwein noch in der Ausführung begriffen. Die Vermutung, daß durch die unternommene Entgällung eine Abgabenpflicht entstand und eine Monopoleinnahme verkürzt worden sei, war hiernach als widerlegt anzusehen. Das hatte allerdings nur für die Schuldfrage Bedeutung; für das Strafmaß war es ohne Belang, da der Versuch der Hinterziehung der für die vollendete Zuwiderhandlung angedrohten Strafe unterliegt. Diese war nach der Abgabenverkürzung zu bemessen, die bei Vollendung der Tat eingetreten wäre. (II, 21. Mai 1928.)

Amtl. Sammlg. S. 175—181.

Vgl. Bd. 56 S. 291, 311; Bd. 57 S. 212; Bd. 61 S. 71.

52. **Urteil. Verspätete Fertigstellung. Revision.** (StPO. § 275.) Ein Urteil wurde erst sechs Monate nach der Verkündung fertiggestellt. Das bildete keinen Revisionsgrund; die Vorschrift, daß das Urteil binnen einer Woche nach der Verkündung zu den Akten zu bringen ist, hat nur die Bedeutung einer Ordnungsvorschrift. (III, 24. Mai 1928.)

Amtl. Sammlg. S. 182.

Vgl. Bd. 2 S. 378; Bd. 31 S. 348.

53. **Beleidigung. Satire. Wahrnehmung berechtigter Interessen.** (StGB. §§ 185, 193.) Ein Polizeiwachtmeister erschoß auf einem nächtlichen Dienstgang einen Studenten. Einige Tage später erschien in einer Zeitung des Ortes ein Aufsatz über russische Zustände, worin von den Polizeiwachtmeistern in Rußland behauptet war, sie

überböten sich unter schwerstem Mißbrauch ihres Amtes in der Kunst meuchlerischen Niederschießens friedlicher Straßenbenützer und würden dafür von ihren Vorgesetzten noch ausgezeichnet. Der Verfasser wurde wegen Beleidigung der Polizeibeamten des Ortes verurteilt. Das Reichsgericht verwies die Sache zurück. Das Urteil des Schwurgerichts ließ nicht klar erkennen, ob sich dieses bei der Würdigung der Sache des Wesens der Satire bewußt war und der Darstellung die gebotene besondere Beurteilung hatte angedeihen lassen. Es ist der Satire wesenseigen, daß sie mehr oder weniger stark übertreibt, indem sie dem Gedanken, den sie ausdrücken will, einen scheinbaren Inhalt gibt, der über den wirklich gemeinten hinausgeht, jedoch in einer Weise, daß der des Wesens der Satire kundige Leser oder Beschauer den geäußerten Inhalt auf den ihm entweder bekannten oder erkennbar tatsächlich gemeinten Gehalt zurückzuführen vermag, also erkennt, daß tatsächlich nicht mehr als dieser geringere Inhalt gemeint ist. Die Satire und die Karikatur ziehen oft, wenn sie Mißstände rügen oder geißeln wollen, in jener übertreibenden, verzerrenden Weise die letzten Folgerungen aus dem Bestehen des Mißstandes, um diesen, mag er selbst auch keineswegs in einer so starken Form aufgetreten sein, recht handgreiflich und darum eindrucksvoll als solchen zu kennzeichnen. Daraus folgt, daß eine satirische Darstellung nicht nach ihrem Wortsinn genommen wird, sondern erst des in Wort und Bild satirischen Gewandes entkleidet werden muß, bevor beurteilt werden kann, ob das, was in dieser Form ausgesprochen und dargestellt ist, den Tatbestand einer strafbaren Handlung, insbesondere einer Beleidigung enthält. Wie der Scherz so bildet die Satire, wenn sie sich bestimmte Personen zum Ziel nimmt, dann keine strafbare Beleidigung, wenn der Täter der festen Überzeugung ist, seine Äußerungen würden von dem anderen Teil als Scherz oder Satire aufgefaßt werden und dieser sei damit einverstanden. Soweit dabei den Gegenstand der satirischen Darstellung die Behauptung bildet, es sei ein das öffentliche Urteil herausfordernder Mißgriff vorgekommen, liegt der Tatbestand der üblen Nachrede schon in der Behauptung an sich und es könnte ihre Einkleidung in die Form der Satire als straferschwerend gewürdigt werden. Ist aber die Behauptung erweislich wahr, so kann das Vorliegen einer Beleidigung in der satirischen Behandlung der Angelegenheit dann gefunden werden, wenn dabei die der Satire einzuräumende und allgemein eingeräumte Freiheit mißbraucht worden ist. Die zulässige Grenze zu ziehen ist im wesentlichen Aufgabe des Tatrichters. Bei der Beurteilung der Frage, ob die satirische Darstellung nach ihrem Inhalt oder nach der gewählten Form den Tatbestand einer strafbaren Beleidigung enthält, kann neben anderen Umständen möglicherweise auch die Art der Persönlichkeit des Täters von Bedeutung sein; insbesondere würde eine strafbare Beleidigung nicht ohne weiteres darum angenommen werden können, weil der Täter, oder weil das Blatt, in dem er sich äußert, keine Gewähr für die Lauterkeit der Gesinnung bildet, aus der die Darstellung entspringt. Erst wenn hiernach festgestellt ist, daß die in die Form der Satire gekleidete Gedankenäußerung den äußeren und inneren Tatbestand einer Beleidigung enthält, kommt in Frage, ob der Täter sich auf den Schutz der Wahrung berechtigter Interessen berufen kann. (I, 5. Juni 1928.) Amtl. Sammlg. S. 183—185.

Vgl. Bd. 12 S. 141.

54. Offenbarungseid. Fortlaufende Bezüge. (ZPO. §§ 807, 832; StGB. § 154.) Ein gegen Monatslohn bediensteter Knecht gab bei der Leistung des Offenbarungseides seinen vertraglichen Lohn wesentlich zu niedrig an. Er wurde wegen Meineids verurteilt; seinem Vorbringen, daß er für den Monat, in dem er den Eid leistete, nicht mehr zu beanspruchen gehabt habe, wurde keine Bedeutung beigemessen. Das Reichsgericht bestätigte das Urteil. Der Offenbarungseid soll die Durchführung der Zwangsvollstreckung sichern. Der Gläubiger hat dabei das rechtliche Interesse, alles zu erfahren, was der Zwangsvollstreckung zugänglich ist; dazu gehören bei Gehaltsforderungen und ähnlichen fortlaufenden Bezügen auch die erst nach der Pfändung fällig werdenden Beträge. (III, 7. Juni 1928.) Amtl. Sammlg. S. 185—186.

55. Reformatio in peius. Ersatzstrafe. (StGB. §§ 28, 29, 31; StPO. § 358.) Wegen Amtsverbrechen wurde eine Zuchthausstrafe und daneben eine Geldstrafe von 150 Reichsmark ausgesprochen, an deren Stelle im Falle der Uneinbringlichkeit eine Gefängnisstrafe von 15 Tagen treten sollte. Das Reichsgericht verwies die Sache zurück. Wenn

neben einer Geldstrafe wegen derselben Tat auf eine Zuchthausstrafe erkannt wird, ist die Geldstrafe für den Fall der Uneinbringlichkeit in Zuchthausstrafe umzuwandeln. Der Aufhebung des Urteils stand auch der Grundsatz nicht entgegen, daß durch ein Rechtsmittel des Angeklagten kein für diesen ungünstiger Erfolg herbeigeführt werden darf. Wenn auch Zuchthaus grundsätzlich gegenüber Gefängnis die schwerere Strafart ist, mußte doch berücksichtigt werden, daß die Rechtswirkungen der Zuchthausstrafe den Angeklagten schon ohnehin trafen, er also durch die Umwandlung der Geldstrafe in eine Zuchthausstrafe nicht schwerer getroffen wurde als durch die Umwandlung in eine Gefängnisstrafe. Für das neue Urteil war zu berücksichtigen, daß eine dreitägige Gefängnisstrafe einer zweitägigen Zuchthausstrafe gleichzusetzen ist. (I, 8. Juni 1928.)
Amtl. Sammlg. S. 186—188. Vgl. Bd. 40 S. 411.

56. **Arbeitsnachweis. Beamter.** (StGB. § 359; Arb.-NachwG. § 13.) Beamte im Sinne des Strafgesetzbuchs sind nicht nur die in einem öffentlich-rechtlichen Dienstgewaltverhältnis stehenden Beamten im staatsrechtlichen Sinne, sondern auch solche Personen, die ohne Begründung eines derartigen Verhältnisses, von einer nach Reichs- oder Landesrecht zuständigen Stelle durch einen ausdrücklichen oder stillschweigenden öffentlich-rechtlichen Akt zu Dienstverrichtungen berufen werden, die aus der Staatsgewalt abzuleiten sind und staatlichen Zwecken dienen. Der Geschäftsführer eines öffentlichen Arbeitsnachweises ist hiernach als Beamter in diesem Sinne anzusehen, auch wenn er nur durch privaten Dienstvertrag, mit oder ohne Dienstordnung, eingestellt worden ist. Die Arbeitsvermittlung ist unter die Aufgaben des Reichs eingereiht und damit zu einem Zweige der Reichsverwaltung gemacht worden. Organe der Arbeitsvermittlung sind die Arbeitsnachweisämter. Der öffentliche Arbeitsnachweis wird von der Gemeinde, für deren Bezirk er bestimmt ist, errichtet und verwaltet; seine Hauptaufgabe besteht in der Arbeitsvermittlung von Arbeitern und Angestellten. Die gewerbsmäßige Stellenvermittlung ist vom 1. Januar 1931 an untersagt. Die Geschäftsverrichtungen von Angestellten des öffentlichen Arbeitsnachweises sind also aus der Reichsgewalt abgeleitet. (III, 11. Juni 1928.)
Amtl. Sammlg. S. 188—190. Vgl. Bd. 60 S. 139.

57. **Kommissionär. Umsatzsteuer.** (UmsStG. §§ 7, 8.) Der Verkaufskommissionär, der die Waren im eigenen Namen verkauft, übt nach außen hin die gewerbliche Tätigkeit eines Eigenhändlers aus und hat darum Umsatzsteuer nicht nur von der Provision, die er erhält, sondern von den Kaufpreisen, die an ihn gezahlt werden, zu entrichten. Da er zunächst den unmittelbaren Besitz der Waren erhält und ihn erst dann nach Maßgabe der von ihm abgeschlossenen Geschäfte auf seine Abnehmer überträgt, findet im Sinne des Umsatzsteuergesetzes eine zweimalige Lieferung und demgemäß ein zweimaliger steuerpflichtiger Umsatz statt. Als vereinnahmte Entgelte sind nicht nur die unmittelbaren Barzahlungen steuerpflichtig, sondern auch die Beträge, die durch die Weiterbegebung von Wechseln, soweit diese zur Begleichung von Kaufpreisen gegeben sind, eingenommen werden. (II, 14. Juni 1928.)

Amtl. Sammlg. S. 190—192.

58. **Meineid. Strafmilderung.** (StGB. §§ 154, 157.) Ein Zeuge beschwor, es sei ihm ein bestimmter Auftrag nicht erteilt worden. Er wurde wegen Meineids verurteilt. In seiner Revision berief er sich darauf, daß er durch Angabe der Wahrheit die Gefahr einer Strafverfolgung wegen Urkundenunterdrückung auf sich gezogen hätte. Das Reichsgericht verwies die Sache zurück. Das Schwurgericht war von der Vorstellung ausgegangen, daß die Strafmilderung wegen drohender Gefahr einer Verfolgung nur eintritt, wenn die Angabe der Wahrheit seitens des Schwörenden für sich allein eine solche Verfolgung nach sich ziehen könne. Das war irrig. Die Vorschrift beruht darauf, daß der Gewissenszwang, dem der Täter in solchen Fällen ausgesetzt ist, sein Verbrechen in milderem Lichte erscheinen läßt. Ein solcher Gewissenszwang besteht aber auch dann, wenn die Angabe der Wahrheit bei der eidlichen Vernehmung im Zusammenhang mit der im übrigen gegebenen Sachlage eine Verfolgung nach sich ziehen kann. Das Schwurgericht hätte also prüfen müssen, ob die Gefahr nicht entstanden wäre, wenn der Angeklagte, nachdem er anderen Personen gegenüber die Erteilung des Auftrags schon zugegeben hatte, nun auch vor Gericht das bestätigt hätte. (III, 14. Juni 1928.)

Amtl. Sammlg. S. 192—193.

59. Kraftfahrzeugverkehr. Sommerweg. (KraftFahrz.-VO. §§ 2, 21, 21 b.) Neben einer befestigten Straße lief eine unbefestigte Fahrbahn (Sommerweg). Ein Kraftwagenführer fuhr zum Überholen eines in gleicher Richtung mit ihm fahrenden Pferdefuhrwerks auf den in dieser Richtung rechts von der befestigten Straße liegenden Sommerweg. Hiewegen verurteilt, berief er sich auf die Vorschrift der Kraftfahrzeugverordnungen, wornach bei solcher Sachlage jede der beiden Fahrbahnen als selbständiger Weg gilt und beim Ausweichen und Überholen erforderlichenfalls auch von der befestigten Fahrbahn auf den Sommerweg und umgekehrt übergegangen werden darf. Das Reichsgericht bestätigte das Urteil. Die Vorschrift bestimmt in ihrem ersten Teil, daß die nicht benutzte zweite Fahrbahn für die Beurteilung, was rechte und linke Seite ist, außer Betracht bleibe. Wer auf der von ihm benutzten Fahrbahn rechts fährt, hält die rechte Seite ein, auch wenn sich rechts daneben eine zweite Fahrbahn befindet; dagegen verletzt er, wenn er auf der rechts befindlichen Fahrbahn die linke Seite einhält, die Fahrordnung auch dann, wenn er, die beiden Fahrbahnen gedanklich zu einer einzigen zusammengefaßt, auf diese Weise rechts von der Mitte fahren würde. Regel ist ferner, daß auf der benutzten Fahrbahn ohne Hinüberlenken auf die benachbarte Fahrbahn rechts ausgewichen und links überholt wird. Damit ist aber nur gesagt, daß der rechts Ausweichende erforderlichenfalls auch die rechts von ihm befindliche zweite Fahrbahn, der links Überholende die links von ihm befindliche Fahrbahn mitbenutzen darf. Von einer Erlaubnis, über die benachbarte Fahrbahn nach links auszuweichen oder rechts zu überholen, ist nichts gesagt. Durch ein solches Vorgehen würden die Verkehrsgefahren erhöht; wenn zwei sich entgegenkommende Fahrzeuge bei demselben Hindernis auf die benachbarte Fahrbahn übergehen würden, entstünde die Gefahr eines Zusammenstoßes. Eine Abweichung von den polizeilichen Fahrvorschriften ist zwar unter Umständen erlaubt und sogar geboten, soferne im Einzelfall ihre Einhaltung eine Verkehrsgefahr oder einen Unfall bewirken würde; eine solche Gefahrlage war aber hier nicht gegeben. Das dem Angeklagten vorausfahrende Pferdefuhrwerk, das sich in der Mitte der Fahrbahn bewegte, hatte ihm allerdings auf sein Zeichen hin keinen

Raum zum Überholen auf der linken Seite gegeben; der Angeklagte hätte aber versuchen müssen, ob nicht weitere Zeichen Erfolg hatten. (II, 7. Mai 1928.)

Amtl. Sammlg. S. 193—195.

Vgl. Bd. 20 S. 190; Bd. 59 S. 341; Bd. 60 S. 84.

60. Mord. Überlegung. (StGB. § 211.) Ein Mann beschloß, sich und seine Frau ums Leben zu bringen. Er veranlaßte die Frau, ein Schlafmittel zu nehmen, brachte sein jüngstes Kind, das sich im Schlafzimmer befand, in das Kinderzimmer, verstopfte das Schlüsselloch der Türe und öffnete den Gashahn. Seine Verurteilung wegen Mordversuchs wurde vom Reichsgericht bestätigt. Wenn auch der Angeklagte sich zur Zeit der Tat in großer Erregung befand, war er doch, wie sein Vorgehen bewies, noch fähig, verstandesmäßige Vorstellungen und Erwägungen zu folgern. Wenn diese den Ausschlag gaben, wenn er also trotz einer die ruhige Überlegung beeinträchtigenden Erregung die ihn zum Handeln drängenden und die ihn davon abhaltenden Beweggründe mit genügender Klarheit und Besonnenheit gegeneinander abwägen konnte und in voller Besonnenheit und mit bedachtem Willen zur Ausführung der Tat schritt, so lag ein Handeln mit Überlegung vor. Nicht erforderlich war dabei, daß er sich zu seiner Willensbildung wirklich erst durch einen Kampf zwischen den für und wider die Begehung der Tat streitenden Beweggründen durchringen mußte. (II, 10. Mai 1928.)

Amtl. Sammlg. S. 196—198.

Vgl. Bd. 42 S. 260.

61. Richterwechsel. Öffentlichkeit. (GVG. §§ 172, 174, 175, 192; StPO. § 226.) Während einer unter Ausschluß der Öffentlichkeit durchgeführten Verhandlung erkrankte ein Richter. Es wurde ein anderer Richter beigezogen und die ganze Verhandlung wiederholt; nur über den Ausschluß der Öffentlichkeit wurde kein neuer Beschluß gefaßt. Das führte zur Aufhebung des Urteils. Die ganze bisherige Verhandlung hatte durch den Richterwechsel jede Bedeutung verloren und war in allen ihren Teilen als nicht geschehen zu betrachten; demgemäß war auch ein vorher gefaßter Beschluß über die Ausschließung der Öffentlichkeit wirkungslos geworden. (III, 14. Juni 1928.)

Amtl. Sammlg. S. 198—199.

62. Kindstötung. Ursache. (StGB. § 217.) Eine Dienstmagd, die ihre Schwangerschaft geheimgehalten hatte, begab sich, als sie die Entbindung herannahen fühlte, unter dem Vorbringen, sie fühle sich unwohl, auf ihre Kammer und brachte dort das Kind zur Welt; ärztliche Hilfe, die ihr angeboten worden war, hatte sie abgelehnt. Das Kind starb alsbald nach der Geburt; der Tod entsprach dem Willen der Mutter. Ihre Verurteilung wegen Kindstötung wurde vom Reichsgericht entgegen dem Antrag des Oberreichsanwalts bestätigt. Wenn eine Schwangere in Kenntnis der Gefahr, die unter den von ihr vorhergesehenen Umständen der Entbindung für das Leben des Kindes besteht, geflissentlich mit dem wenigstens mittelbaren Willen, dadurch den Tod des Kindes herbeizuführen, eine Vorkehrung trifft, daß es unter diesen gefährdenden Umständen zur Entbindung kommt, so setzt sie damit wissentlich eine Ursache für den dann eingetretenen Erfolg, den Tod des Kindes. Das trifft schon auf eine Sachlage zu, bei der die Schwangere sich rein untätig verhält, also lediglich unterläßt, eine Vorsorge für die bevorstehende Entbindung zu treffen; es muß aber erst recht gelten, wenn die Schwangere durch geflissentliche Angabe des unwahren Grundes ihrer Unpäßlichkeit geradezu dafür Vorsorge getroffen hat, daß die Zuziehung einer Geburtshilfe unterblieb. (I, 15. Juni 1928.)

Amtl. Sammlg. S. 199—202.

63. Reihenfolge der Geschworenen. (GVG. §§ 47, 49, 84, 86.) Die Reihenfolge, in der die Hauptgeschworenen an den Tagungen des Schwurgerichts teilnehmen, wird für das ganze Geschäftsjahr im voraus durch Auslosung bestimmt. Ist ein Geschworener an der Mitwirkung an seiner Tagung verhindert, so ist er nicht um deswillen zu einer späteren Tagung heranzuziehen. Ist ein Hilfsgeschworener für einen nur bei einer bestimmten Sitzung verhinderten Hauptgeschworenen eingetreten, so gilt seine Einberufung nur für diese, nicht auch für andere Sitzungen derselben Schwurgerichtstagung, bei denen die Zuziehung eines Hilfsgeschworenen von neuem erforderlich wird; es sind dann vielmehr die ihm in der Liste der Hilfsgeschworenen nachfolgenden Personen der Reihe nach einzuberufen. (II, 18. Juni 1928.)

Amtl. Sammlg. S. 202—203.

64. Steuerzeichen. Plenarentscheidung. Urkunde. (StGB. §§ 267, 348; GVG. §§ 136; TabStG. § 66.) Ein Zollbeamter schaffte Tabaksteuerzeichen, die ihm amtlich zugänglich waren, beiseite. Seine Verurteilung wegen Beseitigung amtlich zugänglicher Urkunden wurde vom Reichsgericht nicht gebilligt. Urkunden und Wertzeichen sind bestimmt voneinander zu unterscheiden. Der Begriff der Urkunde hat mit dem des Wertzeichens das gemein, daß beide die Verkörperung gedanklicher Äußerungen eines bestimmten Ausstellers in einem Stoffe (Papier, Metall usw.) mittels darin angebrachter Zeichen darstellen, wodurch der kundzugebende Gedanke für andere Personen erkennbar zum Ausdruck kommt. Der wesentliche Unterschied zwischen beiden erwächst aber aus der Verschiedenheit des Zweckes. Das Wertzeichen dient zur Vereinfachung der Vornahme und der Kontrolle gewisser häufig sich wiederholender Zahlungen der gleichen Art, ist also seinem Wesen nach Zahlungsmittel; die Urkunde dagegen soll im Rechtsleben das Bestehen von Tatsachen, Rechten oder Rechtsverhältnissen zur Kenntnis anderer bringen. Sie weist auf Geschehnisse und Beziehungen, die außerhalb ihrer selbst liegen, hin und beweist sie, während das Wertzeichen durch die Art seines Stoffes und seiner Kennzeichnung nur über sich selbst, nämlich seinen Aussteller, seinen Wert und seine Verwendungsmöglichkeit Aufschluß gibt. Der Zweckbestimmung eines Zahlungsmittels entsprechend ist die Beweiskraft des Wertzeichens (im Gegensatz zur auslegungsfähigen Urkunde) eine starre; das körperliche Dasein seiner bestimmungsmäßigen Merkmale hinsichtlich des Stoffes und seiner Zeichnung in Form, Farbe, Schrift usw. entscheidet über seinen Sinn und seine Bedeutung. Eben deshalb kann (im Gegensatz zur Urkunde) durch die Zusammenfügung verschiedener Bruchstücke echter Wertzeichen keine Fälschung eines solchen hergestellt werden. Daraus ergibt sich, daß diejenigen Merkmale, die einen Gegenstand zum Wertzeichen stempeln, nicht seine Urkundeneigenschaft begründen können und umgekehrt. Beide Begriffe schließen einander aus. Der II. Strafsenat hat Beitragsmarken der Unterstützungskasse eines Vereins, die dieser an seine Mitglieder entgeltlich ausgab, damit diese durch Einkleben der Marken in ihr Mitgliederbuch der Beitragspflicht genügten, für beweiserhebliche Urkunden

erklärt. Das stand der neuen Entscheidung nicht entgegen. Daß Wertzeichen in Verbindung mit Schriftstücken, Steuerkarten usw. zur Herstellung einer Urkunde dienen können, ist anerkannt rechtens; die Verurteilung beruhte auch nicht auf der Rechtsmeinung, daß die Beitragsmarken für sich allein Wertzeichen und gleichzeitig Urkunden darstellten, sondern darauf, daß der Angeklagte das mit gefälschten Beitragsmarken versehene Mitgliedsbuch bei seiner zuständigen Stelle zum Zwecke der Abstempelung vorgelegt hatte. Demgemäß war eine Anrufung der Vereinigten Strafsenate nicht notwendig. (III, 18. Juni 1928.)
Amtl. Sammlg. S. 203—207.
Vgl. Bd. 17 S. 394; Bd. 18 S. 286; Bd. 30 S. 329; Bd. 38 S. 235; Bd. 39 S. 270; Bd. 48 S. 278; Bd. 59 S. 323.

65. **Meineid. Strafermäßigung.** (StGB. § 157.) Ein Mädchen wurde in einem Unterhaltsstreit ihres unehelichen Kindes als Zeugin unbeeidigt vernommen. Nachdem die nachträgliche Beeidigung ihrer Aussage angeordnet worden war, wurde ihr die frühere Aussage vorgelesen und von ihr ergänzt; sie wurde dahin belehrt, daß sie die Eidesleistung verweigern dürfe und leistete dann den Eid. Über ihr Recht, das Zeugnis zu verweigern, war sie vor Abgabe ihrer ersten Aussage belehrt worden; ob die Belehrung bei der zweiten Aussage wiederholt worden war, ließ sich dem Urteil nicht entnehmen. Das führte zur Zurückverweisung der Sache. Wenn die Angeklagte bei der zweiten Aussage nicht über ihr Recht, das Zeugnis zu verweigern, belehrt worden war, mußte die Strafe ermäßigt werden, auch wenn die Belehrung vor der ersten Aussage erfolgt war und die ergänzende Aussage an sich der Wahrheit entsprach. In der nachträglichen Beeidigung einer früheren Aussage liegt der Sache nach eine Wiederholung und damit eine neuerliche Erstattung dieser Aussage, zumal dann, wenn diese noch ergänzt wird. Die Strafermäßigung hat einzutreten, wenn die Belehrung über das Recht, die Aussage abzulehnen, bei der Aussage unterblieben ist, die aus Anlaß der Beeidigung und durch sie erfolgte. (I, 22. Juni 1928.) Amtl. Sammlg. S. 207—208.
Vgl. Bd. 60 S. 106.

66. **Fahrlässige Tötung. Nebenklage.** (StPO. §§ 172, 395, 403.) Der Vater eines durch Überfahren mit einem Kraftwagen getöteten Kindes hatte, nachdem der Staats-

anwalt das Verfahren eingestellt und der Oberstaatsanwalt seine Beschwerde zurückgewiesen hatte, Antrag auf gerichtliche Entscheidung gestellt und eine Anordnung zur Erhebung der öffentlichen Klage herbeigeführt. Er schloß sich dem Verfahren als Nebenkläger an. Der Angeklagte wurde in zwei Instanzen freigesprochen. Das Reichsgericht gab der Revision des Nebenklägers statt. Die veröffentlichten Gründe des Urteils beziehen sich nur auf die Zulässigkeit der Nebenklage. Diese hing davon ab, ob die zur Anklage stehende strafbare Handlung gegen Vermögensrechte des Nebenklägers gerichtet war. Das traf zu. Der Nebenkläger wurde durch die Tötung des Sohnes mit den Kosten der Beerdigung belastet; er verlor auch die Aussicht auf Gewährung von Unterhalt. Die Wendung, daß die strafbare Handlung sich gegen Vermögensrechte gerichtet hat, ist nicht dahin auszulegen, daß ihr Zweck die Verletzung solcher Rechte gewesen ist. (II, 18. Juni 1928.) Amtl. Sammlg. S. 209—210.

Vgl. Bd. 59 S. 126.

67. Tabaksteuerzeichen. Fälschung. (TabStG. § 66; AusfBestzTabStG. §§ 18, 22a.) Tabaksteuerzeichen ohne Angabe eines Kleinverkaufspreises sind zwar noch keine fertigen Steuerzeichen, aber auch nicht bloße Vordrucke, sondern Steuerzeichen mit vorbehaltener Wertangabe. Werden sie unbefugt mit Wertzahlen versehen und ihnen dadurch der Anschein verliehen, als seien sie von der Hebestelle oder mit ihrer Ermächtigung hergestellt und von ihr mit dieser Eintragung oder Ermächtigung verabfolgt worden, so liegt darin die Anfertigung von unechten Steuerzeichen. (II, 18. Juni 1928.) Amtl. Sammlg. S. 210—211.

68. Meineid. Strafermäßigung. Tateinheit. (StGB. § 157.) In einem Scheidungsprozeß beschwor ein Zeuge der Wahrheit zuwider, mit der Frau des Klägers Ehebruch begangen zu haben. Er war zunächst unbeeidigt vernommen und im unmittelbaren Anschluß daran beeidigt worden. Gegen seine Verurteilung wegen Meineids wendete er ein, daß er durch seine uneidliche Aussage sich einer verleumderischen Beleidigung der Frau schuldig gemacht und durch die Angabe der Wahrheit sich der Gefahr einer Strafverfolgung ausgesetzt hätte. Diese Auffassung ließ sich nicht halten. Bei der eidlichen Vernehmung handelte es sich um einen einheitlichen Vorgang, der erst mit der

Leistung des Eides abgeschlossen war; die Beleidigung traf also in Tateinheit mit dem Meineid zusammen. Eine Strafermäßigung kann nur eintreten, wenn der Tatbestand, der die Strafverfolgung nach sich ziehen konnte, nicht durch die unwahre Aussage begründet worden, sondern ihr als selbständige Handlung vorausgegangen ist. (III, 21. Juni 1928.) Amtl. Sammlg. S. 211—212.

69. Unterlassene Buchführung. Verjährung. (StGB. § 67; RAbgO. §§ 202, 377, 384, 406; HGB. § 38; UmsStG. § 31.) Die durch das Handelsgesetzbuch den Vollkaufleuten auferlegte Buchführung hat auch steuerrechtliche Bedeutung; die Unterlassung ist also mit einer Ordnungsstrafe bedroht. Die Strafverfolgung verjährt in einem Jahr. Die Frist beginnt mit dem Tag, an dem das Vergehen zum Abschluß gekommen war. Da es sich bei der Unterlassung der Buchführung um ein echtes Unterlassungsvergehen handelt, ist für den Beginn der Verjährung nicht der Zeitpunkt maßgebend, an welchem oder bis zu welchem die unterbliebene Handlung bei rechtzeitiger Erfüllung der gesetzlichen Verpflichtung hätte vorgenommen werden müssen. Zwar wird auch hier die Strafbarkeit der Unterlassung schon durch das jeweilige Unterbleiben der rechtzeitigen Vornahme der Handlung begründet; jedoch hört damit die Pflicht zu ihrer Nachholung nicht ohne weiteres auf und solange diese Verpflichtung besteht, beginnt die Verjährung nicht zu laufen, vielmehr ist ihr Beginn bedingt durch das Aufhören der Handlungspflicht. Das beruht darauf, daß in solchen Fällen die strafbare Unterlassung so lange fortdauert, bis entweder die Verpflichtung, wenn auch erst nachträglich, erfüllt wird oder ihre Erfüllung nach Lage der Sache gegenstandslos geworden ist. Auch die nachträgliche Erfüllung der Buchführungspflicht kann für die Steuerbehörde für die Ermittlung der Steueransprüche von erheblichem Wert sein; die Steuerbehörde kann sie auch erzwingen. Demgemäß war sie nicht gegenstandslos geworden. Die Verjährung hatte, da eine Nachholung nicht erfolgt war, überhaupt nicht zu laufen begonnen. (II, 2. Juli 1928.)

Amtl. Sammlg. S. 212—215.

Vgl. Bd. 22 S. 400; Bd. 59 S. 6, 53, 281; Bd. 61 S. 42.

70. Urteilsgründe. Verweisung. (StGB. § 267; StPO. § 267.) In einem Urteil über Urkundenfälschung war auf die bei den Akten befindliche Urkunde verwiesen. Eine solche Verweisung ist bis zu einem gewissen Umfang im Zivilprozeß zulässig, nicht aber im Strafprozeß. Die Bezugnahme des Urteils auf die Urkunde anstatt der Wiedergabe ihres Wortlauts oder ihres wesentlichen Inhalts war hiernach rechtsirrig; die Urteilsgründe müssen die maßgebenden Tatsachen angeben. (III, 2. Juli 1928.)

Amtl. Sammlg. S. 216.

71. **Reformatio in peius.** (StPO. § 331.) Gegen ein schöffengerichtliches Urteil, das den Angeklagten wegen Unterschlagung zu einer Gefängnisstrafe verurteilte, legte der Angeklagte unbeschränkt, der Staatsanwalt hinsichtlich des Strafausspruchs Berufung ein. Das Landgericht verurteilte den Angeklagten wegen Untreue, hielt sich aber beim Ausmaß der Strafe innerhalb des für Unterschlagung vorgesehenen Strafrahmens. Das erklärte das Reichsgericht für zulässig. Zufolge der vom Staatsanwalt eingelegten Berufung konnte das Urteil zuungunsten des Angeklagten, wenn auch nur innerhalb des für die Unterschlagung geltenden Strafrahmens, abgeändert werden; es bestand für das Landgericht kein Hindernis, anstatt der vom Schöffengericht angenommenen Unterschlagung den Tatbestand der Untreue festzustellen. (III, 5. Juli 1928.)

Amtl. Sammlg. S. 216—217.

72. **Urkundenfälschung. Kaufmännisches Empfehlungsschreiben.** (StGB. §§ 267, 268, 363.) Zum Zwecke der Erlangung einer Stelle legte der Bewerber Empfehlungsschreiben vor, die er selbst angefertigt hatte. Seine Verurteilung wegen schwerer Urkundenfälschung wurde vom Reichsgericht bestätigt. Allerdings wird die Wahrheit einer in einem Privatschreiben behaupteten Tatsache regelmäßig durch diese Urkunde nicht bewiesen; allgemein aber solchen Schreiben die Beweiserheblichkeit für Rechte und Rechtsverhältnisse abzusprechen, geht nicht an. Nach dem vom Reichsgericht wiederholt vertretenen Grundsatz der abstrakten Beweiserheblichkeit von Urkunden ist es nicht erforderlich, daß das Schriftstück gerade für den Zweck, für den es bestimmt ist, Beweis zu bringen vermag, vielmehr genügt es, wenn es in irgendeiner Beziehung, sei es auch nicht einmal für sich allein, sondern erst in Verbindung mit anderen Tatsachen oder Umständen, für den Beweis von Rechten oder Rechtsverhältnissen erheblich sein, also

mit ins Gewicht fallen kann. Auf die Wahrheit der in einer solchen Urkunde enthaltenen Tatsachen braucht es für die Frage der Rechts- und Beweiserheblichkeit überhaupt nicht anzukommen. Schon der Umstand, daß der Aussteller die darin enthaltene Erklärung (wahr oder unwahr) abgab, kann in irgendeiner Richtung für den Beweis rechtlich erheblicher Verhältnisse von Bedeutung sein, z. B. für eine ihm zur Last fallende betrügerische oder verleumderische Betätigung. Die in einem der vorgelegten Empfehlungsschreiben enthaltene Behauptung, der Angeklagte sei 6 Jahre bei der unterzeichneten Firma in Stellung gewesen und habe sich gut bewährt, konnte recht wohl als Beweismittel in einem Rechtsstreit, etwa des Angeklagten gegen diese Firma, ins Gewicht fallen. Daß es eine solche Firma überhaupt nicht gab, spielte für diese unter der Voraussetzung der Echtheit der Urkunde zu stellende Frage keine Rolle. Vor allem aber konnte der Umstand, daß der vielfach wegen Betrugs, Untreue, Erpressung vorbestrafte Angeklagte von den Ausstellern der Urkunde mit den wahrheitswidrigen Behauptung seiner Erprobung warm empfohlen wurde, als Grundlage einer Schadensersatzklage gegen die Aussteller in Betracht kommen. Auch der erschwerende Umstand der Vorteilserstrebung war ohne Rechtsirrtum für gegeben erachtet worden, da hiefür auch Vermögensvorteile genügen, die mittelbar aus einer vermittels einer falschen Urkunde erlangten Anstellung erhofft werden. Da die Urkunden nur darauf abgestellt waren, den Angeklagten für die von ihm erstrebte Stelle zu empfehlen, konnte auch nicht gesagt werden, daß sie zum Zwecke des besseren Fortkommens angefertigt worden seien. (III, 5. Juli 1928.)

Amtl. Sammlg. S. 218—221.

Vgl. Bd. 8 S. 187; Bd. 19 S. 174; Bd. 36 S. 400; Bd. 40 S. 78, 144; Bd. 44 S. 369; Bd. 52 S. 186, 195.

73. **Kuppelei. Absteigequartier.** (StGB. § 150.) Nur das Gewähren einer Wohnung, einer zu dauerndem Aufenthalt bestimmten Räumlichkeit, an Dirnen ist straffrei, nicht aber das nur zeitweilige Überlassen eines Raumes zur Ausübung der Unzucht. Einerlei ist es, ob es sich um Absteigequartier in einem Privathaus oder einem Gasthaus handelt. (III, 9. Juli 1928.)

Amtl. Sammlg. S. 221—222.

74. Urkundenfälschung. Bankerott. (StGB. §§ 267, 269.) Zum Zwecke der Erlangung eines Bankkredits übergab der Bewerber der Bank einen unausgefüllten akzeptierten Wechsel, auf dem er selbst als Aussteller benannt war; er verschwieg dabei, daß der Akzeptant ihm erklärt hatte, der Wechsel dürfe höchstens auf 100 Reichsmark ausgefüllt werden. Nachdem seine Bankschuld auf mehr als 3000 RM. angelaufen war, füllte der zuständige Beamte der Bank den Wechsel auf 2000 RM. aus und nahm ihn so zu den Papieren der Bank. Die Verurteilung wegen schwerer Urkundenfälschung wurde vom Reichsgericht nicht bestätigt. Auch von einem mißbräuchlich ausgefüllten Blankett kann zum Zwecke der Täuschung nur dann Gebrauch gemacht werden, wenn über solche rechtserhebliche Tatsachen getäuscht werden soll, die durch die Urkunde selbst im Falle ihrer Echtheit erwiesen werden können. Die Bank war aber vom Angeklagten nur darüber getäuscht worden, daß der Akzeptant des Wechsels die einzusetzende Summe begrenzt hatte; das war eine außerhalb des Urkundeninhalts liegende Tatsache. Auch die Annahme eines Versuchs der Urkundenfälschung war hiernach ausgeschlossen. (II, 9. Juli 1928.) Amtl. Sammlg. S. 222—223.
Vgl. Bd. 6 S. 202.

75. Raumwucher. Angemessene Miete. (MSchG. § 49 a; PreistrVO. § 3.) Wenn jemand ein Gebäude während der Zeit der Geldentwertung zu einem dem wahren Wert nicht entsprechenden Preis erworben hat, kommt das für die Berechnung der angemessenen Miete nicht in Betracht. Auf die Weiterveräußerung von Grundstücken finden die Preistreibereiverordnungen keine Anwendung; der Erwerber eines Grundstücks durfte dieses ohne Rücksicht auf den Erwerbspreis zu jedem Preis weiterveräußern, den er erzielen konnte. Demgemäß kann es ihm auch nicht verboten sein, im Falle der Überlassung der Nutzung des Grundstücks an einen Anderen bei der Berechnung der Vergütung den Verkehrswert oder den etwa höheren Nutzungswert zugrunde zu legen, dessen er sich für die Zeit der Gebrauchsüberlassung begibt und den ein neuer Erwerber ohne weiteres zugrunde legen könnte. Die Mieter, denen der volle Nutzungswert zur Verfügung gestellt wird, sind nicht bewuchert, wenn der Eigentümer sich den vollen Nutzungswert vergüten läßt. Die durch die

Geldentwertung in Verbindung mit der Aufwertungsgesetzgebung eingetretene Entschuldung des mit fremdem Kapital belasteten Grundbesitzes bedeutet für den Eigentümer, der das Grundstück schon im Frieden besessen hat, lediglich eine Verminderung des fremden und eine Vermehrung des eigenen Kapitals, also einen durch diese Gesetzgebung erzielten Gewinn, der ihm allerdings durch die Gesetzgebung über den Geldentwertungsausgleich zu einem erheblichen Teil wieder entzogen worden ist. Wird das durch die Entschuldung erhöhte Eigenkapital der Verzinsung zugrunde gelegt, so darf die Hauszinssteuer nicht unter die Gestehungskosten aufgenommen werden; nur soweit sie die Zinsen des infolge der Entschuldung gewonnenen Eigenkapitals übersteigen würde, wäre es zulässig, den Mehrbetrag in die Gestehungskosten einzusetzen. Wird aber der Verkehrswert zugrunde gelegt und ist bei dessen Schätzung die kapitalisierte Hauszinssteuer vom Bruttokapitalswert abgezogen (was bei den der Zwangsbewirtschaftung voll unterliegenden Grundstücken meist der Fall sein wird), dann ist die Hauszinssteuer unter die Gestehungskosten aufzunehmen. Die Rechtsprechung über die Preistreibereiverordnungen läßt sich hier nicht verwerten. Sie erfuhr schon für die Weiterveräußerung von Gegenständen des täglichen Bedarfs eine wesentliche Einschränkung durch die Vorschrift, daß trotz besonders billigen Erwerbs der Marktpreis gefordert werden durfte, wenn nicht durch besondere Umstände eine Notmarktlage geschaffen war. In der Praxis wurde das auch auf den Leistungswucher ausgedehnt, so daß also für die Überlassung von Räumen die übliche Vergütung ohne Rücksicht auf einen besonders billigen Erwerb des Grundstücks verlangt werden durfte. (I, 10. Juli 1928.)

Amtl. Sammlg. S. 223—227.
Vgl. Bd. 61 S. 145.

76. **Kraftfahrzeugverkehr. Verengung.** (KFG. § 21; KraftFahrzVO. §§ 18, 21 b.) Die Vorschrift der Kraftfahrzeugverordnung, wonach die Fahrgeschwindigkeit so einzurichten ist, daß der Führer in der Lage bleibt, seinen Verpflichtungen Genüge zu leisten, enthält nicht nur eine allgemeine Sorgfaltsregel, sondern ist eine blankettausfüllende Norm; die Verletzung der Vorschrift ist daher strafbar. Eine Verengung der Fahrbahn kann nur dann

als gegeben erachtet werden, wenn das Überholen infolge des geringen, für die Durchfahrt freien Zwischenraums auch bei Anwendung der erforderlichen Vorsicht mit Gefahr für die am Verkehr Beteiligten verbunden ist. (I, 10. Juli 1928.) Amtl. Sammlg. S. 227—228.

Vgl. Bd. 62 S. 122.

77. **Raumwucher. Angemessene Miete. Unwirtschaftliche Aufwendungen. Besonders billiger Erwerb. Gestehungskosten.** (MSchG. § 49 a; PreistrVO. § 4; RMSchG. § 2.) Ein Haus wurde im Jahre 1900 für 200 000 Mark erworben. 30 000 Mark wurden angezahlt; der Rest wurde durch Hypotheken gesichert. Bis zum Jahre 1914 wurden weitere 22 000 Mark bezahlt. Im Jahre 1923 wurden die noch bestehenden Forderungen mit Papiermark weggefertigt; später wurden sie auf 9050 Goldmark aufgewertet. 15 000 Mark waren werterhöhend in das Haus eingebaut worden. Demnach betrug im Jahre 1914 das im Haus steckende Kapital 215 000 Mark (67 000 Mark eigenes Kapital und 148 000 Mark fremdes Kapital; dieses wurde durch die Geldentwertung und Aufwertung durch 9050 Goldmark ersetzt). Der durch Schätzung ermittelte Verkehrswert des Hauses betrug im Jahre 1914 rund 184 000 Mark, im Jahre 1927 rund 215 000 Reichsmark. Die im Haus befindlichen Läden waren im Frieden um 8700 Mark jährlich vermietet gewesen. Für die Zeit vom 1. April 1925 bis zum 30. September 1926 wurden für die Läden Mieten von insgesamt 20 416 Reichsmark gefordert und erhoben. Der Eigentümer wurde wegen Raumwucher verurteilt; seine Revision wurde verworfen. Das Berufungsgericht hatte mit Rücksicht auf eine Verbesserung der Läden für diese eine Jahresmiete von 11 100 Reichsmark als Friedensmiete angenommen. Die für die Berechnung der angemessenen Miete maßgebenden Wertgrößen wurden in folgender Weise angenommen (in Klammern die entsprechenden Zahlen für das Jahr 1914): Gebäudewert 215 000 Reichsmark (215 000 Mark); Kapitalzins hieraus 6% (4¼%), Abnutzungssatz aus dem Gebäudewert zu 102 000 Reichsmark: 1% (1%); Instandsetzungskosten 20% (10%) der Friedensmiete; Gefahrensatz 2% (2%) der Friedensmiete; Betriebskosten 1676 Reichsmark (700 Mark); Verwaltungskosten 400 Reichsmark (300 Mark). Hieraus wurde eine Miete von 13 630 Reichsmark (9137

Mark) und ein Reinverdienst von 6786 Reichsmark (1963 Mark) errechnet. Der Reinverdienst des Jahres 1914 betrug 1,304% des auf die Läden treffenden Kapitals (70% von 215000 Mark). Dieser Prozentsatz wurde auch für das Jahr 1925/26 als angemessen erachtet. Hiernach ergab sich für die in Betracht kommende Zeit ein übermäßiger Reinverdienst von 7233 Reichsmark. Die Revision bemängelte vor allem, daß das Berufungsgericht die Vermietung der Läden als eine Leistung zur Befriedigung des täglichen Bedarfs behandelt habe, obwohl die Läden durch ihre Lage und Einrichtung besonders qualifiziert und mit anderen Geschäftsräumen im gleichen Ort nicht vergleichbar gewesen seien, insbesondere auch durch die Verbesserungen einen übernormalen Nutzungswert erhalten hätten. Dem gegenüber hielt das Reichsgericht an seiner bisherigen Rechtsprechung fest. Leistungen zur Befriedigung des täglichen Bedarfs sind Leistungen, für die, wenn auch nicht in jeder einzelnen Wirtschaft, so doch innerhalb eines erheblichen Teils der Bevölkerung täglich ein Bedürfnis hervortreten kann, das alsbaldige Befriedigung erheischt. Den Gegensatz bilden Leistungen zur Befriedigung von Luxusbedürfnissen, die nur bei vereinzelten Personen oder kleineren Personengruppen oder innerhalb des Bedarfskreises nur vereinzelt auftreten und deren Nichtbefriedigung die gesamte Lebenshaltung nicht beeinträchtigt. Hierbei kommt es nicht darauf an, in welcher Weise die Leistung im einzelnen Fall tatsächlich verwendet wird, sondern darauf, welchem Zweck die der Prüfung unterliegende Gruppe von Leistungen regelmäßig zu dienen pflegt. Hiernach ist die Vermittlung von Läden in der Regel als Leistung zur Befriedigung des täglichen Bedarfs zu beurteilen; die Befriedigung eines Luxusbedürfnisses kann nur unter ganz besonderen Umständen, etwa bei einer einzigartigen, kostspieligen Ausstattung, in Frage kommen. Für die Behandlung der Frage, welche Vergütungen einen übermäßigen Verdienst im Sinne der Preistreibereiverordnung enthalten oder als unangemessen im Sinne des Mieterschutzgesetzes zu erachten sind, prüfte das Reichsgericht die in seinen früheren Entscheidungen aufgestellten Grundsätze nach und hielt im wesentlichen daran fest. Für Räume, auf welche das Reichsmietengesetz nicht anwendbar ist oder für welche die gesetzliche Miete weder verlangt noch von Amts wegen festgesetzt wird, herrscht hinsichtlich der Mietzinsbildung Vertragsfreiheit. Die Vorschriften über den Raumwucher haben nicht die dem Reichsmietengesetz vorbehaltene Aufgabe, zugunsten der Mieter die Mieten zu verbilligen; sie bezwecken nur, eine bei unregelmäßiger Marktlage drohende Überteuerung zu verhindern. Der Begriff der „unangemessenen Vergütung" bedeutet etwas anderes als der Begriff der „Vergütung, die einen übermäßigen Verdienst enthält". Die Änderung der Fassung enthob den Richter von der Notwendigkeit, eine Gestehungskostenberechnung, wie sie für das Gebiet des Preis- und Leistungswuchers notwendig war, aufzumachen, wenn er auf anderem Weg, insbesondere durch unmittelbare Feststellung eines Mißverhältnisses zwischen der Vergütung und dem objektiven Nutzungswert die Unangemessenheit der Vergütung nachweisen konnte. Die neue Fassung bedeutet für den Vermieter unter Umständen eine Verschärfung. Nach der früheren Fassung durften auch außergewöhnlich hohe Gestehungskosten in Ansatz gebracht werden, wenn es sich nicht von vorneherein um bewußt unwirtschaftliche Aufwendungen handelte. Die neue Fassung mit ihrer Abstellung auf die Unangemessenheit der Vergütung, also auf das Mißverhältnis zwischen Leistung und Gegenleistung somit auf den objektiven Nutzungswert der Leistung läßt es berechtigt erscheinen, auch solche unwirtschaftliche Ausgaben, die der Eigentümer nicht als solche erkannte, insbesondere solche, die auf verfehlten Spekulationen beruhten, bei der Berechnung der Gestehungskosten außer Ansatz zu lassen. Ist sich freilich der Vermieter auch bei der Forderung und Annahme der Vergütung der Unwirtschaftlichkeit gewisser Aufwendungen ohne Schuld nicht bewußt, so fehlt es an dem inneren Tatbestand des Raumwuchers. Die Vermögensverhältnisse der Vertragsteile können im Hinblick auf das Wesen des Sozialwuchers nur in sehr beschränktem Maße und nur insoweit berücksichtigt werden, als nicht im Falle ihrer Nichtberücksichtigung ein wohnungswirtschaftlich nicht zu billigender Wettbewerb der Mieter, eine Bevorzugung kapitalkräftiger Personen und ein objektiv nicht gerechtfertigtes Hinauftreiben der Grundstückspreise zu befürchten ist. Hinsichtlich der Wertigkeit der verschiedenen Nachprüfungsmaßstäbe und der Reihenfolge in der Verwendung kommen folgende Grundsätze in Betracht: Vor allem ist die Marktlage in Betracht zu ziehen. Bei regelmäßiger Raummarktlage und Einhaltung des ordnungsmäßigen Raummarktpreises wird die Vergütung kaum je unangemessen erscheinen. Bei Überschreitung des ordnungsmäßigen Raummarktpreises ist die Vermutung des Raumwuchers begründet; besondere Verhältnisse, insbesondere der Nachweis höher anrechenbarer Gestehungskosten, können aber die Abweichung rechtfertigen. Bei Einhaltung der gesetzlichen Miete ist die Annahme von Raumwucher kaum denkbar; anderseits begründet aber hier auch eine Überschreitung noch keine Vermutung des Raumwuchers. Bei unregelmäßiger Raummarktlage, wie sie z. Zt. noch in weitem Umfang besteht, war nach altem Recht in erster Linie eine Gestehungskostenberechnung geboten. Nach neuem Recht kommt vor allem eine Feststellung des objektiven Nutzungswertes in Betracht. Wenn Vergleichsräume mit einwandfreier Mietzinsbildung nicht vorhanden sind, wird es sich bei Altbauten empfehlen, an die Friedensmiete anzuknüpfen, da diese im allgemeinen als dem objektiven Friedensnutzungswert entsprechend angesehen werden kann; der maßgebende Nutzungswert läßt sich dann durch Zuschläge und Abschläge ermitteln. In Betracht kommen vor allem Zuschläge für die Verringerung der Kaufkraft der Mark, die in den Meßzahlen für die allgemeine Lebenshaltung, für die Baustoffe und Löhne ausgedrückt sind, ferner für die darüber hinausgehende Erhöhung der Grund- und Gebäudesteuer (ausschließlich der Gebäudeentschuldungssteuer), Abschläge für die Verringerung des Zinssatzes bei den Aufwertungshypotheken und für die allgemeine Verarmung des Volkes. Bei der Schätzung des letzteren Abschlags ist zu beachten, daß bei der freien Miete dem Vermieter unter allen Umständen die anteiligen, wirtschaftlich berechtigten baren Aufwendungen zu ersetzen sind, insbesondere die Betriebs- und Verwaltungskosten, die laufenden und die auf eine entsprechende Anzahl von Jahren zu verteilenden großen Instandsetzungskosten, sowie die Verzinsung des im Interesse des Grundstücks verwendeten Friedenskapitals; der Abschlag für die Verarmung kann also nur bei der Verzinsung des Eigenkapitals und beim Reinverdienst in Frage kommen. Würde ein Zuschlag für die Gebäudeentschuldungssteuer gewährt, so müßte ein entsprechender Abschlag für die infolge der Aufwertungsgesetzgebung eingetretene Entschuldung gemacht werden. Neben diesen allgemeinen Gesichtspunkten sind dann noch die für den Einzelfall in Betracht kommenden besonderen sachlichen, örtlichen und persönlichen Verhältnisse zu berücksichtigen, die den objektiven Nutzungswert zu beeinflussen geeignet sind, insbesondere Wertsteigerungen, die nach dem für die Berechnung der Friedensmiete gewählten Zeitpunkt eingetreten sind durch Umbauten, durch Verbesserung der Gegend und dergleichen, anderseits Wertminderungen durch Verschlechterung der Gegend und ähnliche Umstände. Es steht aber auch nach neuem Recht nichts im Wege, eine Gestehungskostenberechnung aufzumachen, bei der indessen stets nur die wirtschaftlich notwendigen und zweckmäßigen Aufwendungen in Ansatz gebracht werden dürfen. Für Neubauten wird beim Mangel einer regelmäßigen Raummarktlage sowie an Vergleichsräumen mit einwandfreier Mietzinsbildung regelmäßig eine Berechnung der Gestehungskosten geboten sein. Werden bei der Gestehungskostenberechnung nur die wirtschaftlich berechtigten Aufwendungen in Ansatz gebracht, so wird, wenigstens bei Altbauten, das Ergebnis in der Regel auch dem objektiven Nutzungswert entsprechen; ergibt sich aber bei dieser Berechnung ausnahmsweise eine höhere Vergütung, so wird meist auch diese noch als angemessen erachtet werden können, da die Gestehungskosten auch jetzt noch zu den zu berücksichtigenden Verhältnissen gehören. Außer den Ergebnissen der Nutzungswert- oder Gestehungskostenberechnung sind dann noch die persönlichen und die Vermögensverhältnisse der Vertragsteile (mit der obenerwähnten Einschränkung) zu berücksichtigen. Grundsätzlich besteht auch kein Bedenken, die von den Vereinigungen der Vermieter und Mieter errechneten durchschnittlichen Zuschläge, die gleichfalls zu den zu berücksichtigenden Verhältnissen gehören, als Ausgangspunkt zu wählen, doch ist ihre Nachprüfung geboten, wenn sie nicht schon behördlich oder gerichtlich vorgenommen ist. Zu den sichersten Ergebnissen führt im allgemeinen die nach objektiven Gesichtspunkten aufgestellte Gestehungskostenberechnung, zu deren Kontrolle die sonstigen Verhältnisse, insbesondere die für den objektiven Nutzungswert maßgebenden Gesichtspunkte herangezogen werden. Im gegebenen Falle war eine solche geboten, da regelmäßige Raummarktpreise und Vergleichsräume mit einwandfreier Mietzinsbildung nicht vorhanden waren. Da der Erwerbspreis, die vor dem Krieg für Verbesserungen gemachten Aufwendungen und die Verkehrswerte für die verschiedenen Zeiten feststanden, bot die Berechnung der Kapitalverzinsung keine Schwierigkeiten. Für die Verzinsung der Aufwertungskapitalien hätte nur der nach dem Aufwertungsgesetz maßgebende Satz zugrunde gelegt werden sollen; der geringfügige und durch einen anderen Fehler ausgeglichene Irrtum konnte aber unberücksichtigt bleiben. Auch sonst war eine Herabsetzung des vom Berufungsgericht angenommenen Zinssatzes nicht veranlaßt; solange eine regelmäßige Kapitalmarktlage nicht besteht, kann sich auch kein landesüblicher Zinsfuß bilden. Der Ansatz von 1,304% für den Reinverdienst war vom Angeklagten mit der Begründung angefochten, daß der Berufungsrichter angenommen habe, der Verdienst aus der Vermietung von Geschäftsräumen dürfe kein höherer sein, als vor dem Krieg angemessen war. Diese Auffassung wäre allerdings unrichtig. Eine Erhöhung des Friedensreinverdienstes, bei der einerseits die Verringerung der Kaufkraft der Mark, anderseits die Verarmung des Volkes berücksichtigt wird, etwa eine Erhöhung, die der Meßzahl für die Gehälter der Angestellten entspricht, wird in der Regel nicht unangemessen sein; wohl aber kann eine solche Erhöhung ganz oder teilweise unterbleiben, wenn der Friedensreinverdienst, ohne unangemessen zu sein, doch das übliche Maß überschritt. Das traf hier zu, da der Friedensreinverdienst erfahrungsgemäß höchstens 1% betrug. Das Berufungsgericht hatte weiter ausgeführt, daß eine Vergütung, die einen übermäßigen Verdienst enthalte, regelmäßig auch unangemessen sei. Als Regel kann dieser Satz gelten; eine Ausnahme ist aber namentlich dann anzuerkennen, wenn der objektive Nutzungswert aus besonderen Gründen nachweisbar über den Betrag der Gestehungskosten hinausgeht, so etwa, wenn der Nutzungswert eines Dachraums, auf den nach der Gestehungskostenberechnung nur ein geringer Teil des Gesamtkapitals trifft, durch Ausnutzung für eine Lichtreklame eine außerordentliche Erhöhung erfährt. Ein solcher Ausnahmefall lag hier nicht vor. (I, 10. Juli 1928.)

Amtl. Sammlg. S. 228—246.

Vgl. Bd. 60 S. 216; Bd. 61 S. 130, 326; Bd. 62 S. 150, 223; RGZ. Bd. 120 S. 130.

78. Branntweinmonopol. Beihilfe. Werterfaß. Gerätelieferung. Gesetzeskonkurrenz. (BranntwMonG. §§ 120, 121, 122, 130, 147; RAbgO. § 361.) Eine Brennerei wurde ohne Anmeldung errichtet und in Betrieb genommen. Der Unternehmer selbst konnte nicht ermittelt werden; ebenso war die Einziehung des hergestellten Branntweins nicht möglich. Die Gehilfen wurden mit der vollen Geldstrafe belegt, die gegen den Unternehmer hätte verhängt werden müssen. Das Reichsgericht bestätigte das Urteil. Da kraft gesetzlicher Beweisvermutung dem Unternehmer eine vollendete Monopolhinterziehung zur Last zu legen war, genügte es für die Strafbarkeit der Gehilfen, daß sie ihm wissentlich zur Verwirklichung dieses Vermutungstatbestandes behilflich gewesen waren; auch die für absichtliche Hinterziehung vorgesehene Strafschärfung verwirkten sie schon dann, wenn sie bei ihrer Gehilfentätigkeit um diese Absicht des Unternehmers wußten, ohne daß es darauf ankam, ob sie selbst mit dieser Absicht handelten. Einer der Gehilfen war erst später in den Betrieb eingetreten; trotzdem traf ihn die volle Strafe, weil die Monopolhinterziehung, zu der er Beihilfe geleistet hatte, durch den natürlichen Zusammenhang der zu ihrer Verwirklichung entfalteten Tätigkeit eine natürliche Handlungseinheit darstellte und die Förderung, die ihr durch den Gehilfen zuteil wurde, sowie dessen Verantwortlichkeit sich ohne weiteres auf den von ihm mit verwirklichten Gesamterfolg und auf die Haupttat in ihrer Gesamtheit erstreckte. Ebenso war es richtig, daß die Angeklagten zum Werterfatz verurteilt wurden; doch hafteten sie dafür nur als Gesamtschuldner. Das Hauptzollamt hatte auch noch Verurteilung eines der Gehilfen wegen Lieferung der Geräte verlangt. Die Anfertigung und Überlassung von Brenngerät ohne Anzeige an die Finanzbehörde ist zwar wegen der darin liegenden Gefahr eines Vorschubleistens zu unerlaubtem Brennereibetrieb zu einem selbständigen Vergehen ausgestaltet; diese Straftat verliert aber ihre Selbständigkeit, wenn die Anfertigung und Lieferung wissentlich zur Förderung einer bestimmten Hinterziehung geschah und diese zur Ausführung kommt. Dann geht sie in der Beihilfe hiezu auf. (II, 12. Juli 1928.)

Amtl. Sammlg. S. 246—250.

Vgl. Bd. 56 S. 326; Bd. 58 S. 113; Bd. 59 S. 79; Bd. 60 S. 158; Bd. 61 S. 371; Bd. 62 S. 203.

79. Wahlverteidiger. Genehmigung. Urteilszustellung. (StPO. §§ 138, 316, 321, 322.) Von zwei Angeklagten legte der eine für sich und den Mitangeklagten Berufung ein. Das Amtsgericht legte die Akten dem Berufungsgericht vor; dieses lehnte die Zulassung des Berufungsführers als Verteidiger seines Mitangeklagten ab und verwarf die für diesen eingelegte Berufung als unzulässig. Die Revision hatte keinen Erfolg. An sich hätte das Amtsgericht bei der Einlegung des Rechtsmittels darüber beschließen sollen, ob der Berufungsführer als Verteidiger für den Mitangeklagten zugelassen würde; mit der Abgabe der Akten an das Berufungsgericht war aber die ganze Sachbehandlung auf dieses übergegangen. Das Berufungsgericht hätte die Berufung durch Beschluß als unzulässig verwerfen können; es konnte aber auch die Entscheidung dem erkennenden Gericht überlassen. Der Entscheidung in der Hauptverhandlung stand allerdings entgegen, daß dem Mitangeklagten das Urteil nicht zugestellt war; doch beruhte das Urteil nicht auf diesem Fehler, denn die Zustellung des Urteils hätte an der Unzulässigkeit der Berufung nichts zu ändern vermocht. (II, 12. Juli 1928.) Amtl. Sammlg. S. 250—251.

80. Lotterieziehung. Urkunde. Betrug. Vermögensbeschädigung. (StGB. §§ 263, 271, 348.) Die Ziehungen der Preußisch-Süddeutschen Klassenlotterie wurden früher in der Weise vorgenommen, daß ein Beamter aus einem Rad ein Nummernröllchen, ein zweiter aus einem anderen Rad ein Gewinnröllchen entnahm und bekanntgab, während ein dritter Beamter entsprechend den Erklärungen der beiden anderen die Nummern aufzeichnete. Die beiden ersten Beamten vereinbarten miteinander, sich selbst einen Gewinn zuzuwenden. Sie entnahmen dem Schrank, in dem die Nummernröllchen verwahrt waren, ein solches Röllchen. Der Beamte, der die Gewinnröllchen zu ziehen hatte, nahm eines dieser Röllchen, das einen hohen Gewinn angab, bei der Ziehung heimlich an sich und verlas ein anderes Röllchen; nachdem dann der erste Beamte das weggenommene Nummernröllchen bekanntgegeben hatte, verlas der zweite das zurückbehaltene Gewinnröllchen. Das Entfernen des Nummernröllchens aus dem Gitterschrank und das Wegnehmen des Gewinnröllchens aus dem Rad, ohne es zu verlesen, erfüllte den Tatbestand der Beiseiteschaffung von amtlich zugänglichen Urkunden. Wenn auch die Nummernröllchen wie die Gewinnröllchen lediglich Zahlen enthielten, waren sie doch bestimmt und geeignet, wenn auch nur in Verbindung mit anderen Beweismitteln und Auslegungsbehelfen, gedankliche Äußerungen kundzugeben. Bei den Nummernröllchen war nach dem Willen des Herstellers die Zahl dazu bestimmt, zum Ausdruck zu bringen, daß der Inhaber des Loses, das mit dem Nummernröllchen die gleiche Zahl trug, eine Forderung auf Auszahlung des Gewinnbetrags erhalten sollte, der auf dem gleichzeitig aus dem anderen Rad gezogenen Gewinnröllchen angegeben war. Demgemäß verkörperten diese Zahlen rechtserhebliche Erklärungen der Lotterieverwaltung; sie hatten Beweiskraft für diese Erklärung schon von dem Augenblick an, da sie nach dem Willen des Veranstalters der Lotterie durch ihre äußerliche Behandlung endgültig die Bestimmung erhielten, zum Zwecke der Ziehung verwendet zu werden. Dieser Zeitpunkt war die Einschließung der genau geordneten und abgezählten Röllchen in den Gitterschrank. Durch das Vorgehen der Angeklagten wurde auch eine Falschbeurkundung herbeigeführt. Die Klassenlotterie ist nicht ein rein gewerbliches Unternehmen des Staates, sondern eine seinen Hoheitszwecken durch Vermehrung der Staatseinnahmen dienende Staatsanstalt. Das über die Ziehung aufgenommene Protokoll ist hiernach als eine Urkunde anzusehen, die von einer öffentlichen Behörde innerhalb ihrer Amtsbefugnisse aufgenommen wird; es hat öffentlichen Glauben und begründet Beweis für und gegen jedermann. Auch der Tatbestand des Betrugs war in dem Verhalten der Angeklagten mit Recht gefunden worden. Geschädigt war der Staat. Wenn festgestellt werden konnte, auf welches Los der Gewinn wirklich entfallen war, so konnte der Inhaber dieses Loses seinen Anspruch gegen den Staat auf Auszahlung des Gewinnes geltend machen und dieser war durch die an die Angeklagten bewirkte Auszahlung geschädigt; wenn eine solche Feststellung nicht möglich war, so hätte doch der Staat den an die Angeklagten ausbezahlten Betrag einbehalten dürfen. (II, 12. Juli 1928.) Amtl. Sammlg. S. 252—257.

Vgl. Bd. 34 S. 435; Bd. 38 S. 235; Bd. 39 S. 147; Bd. 52 S. 268; Bd. 62 S. 203.

81. **Konkurs. Entnehmen von Waren.** (KO. § 240.) Ein Kaufmann, der seine Zahlungen eingestellt hatte, kaufte Waren auf Kredit, um die Eröffnung des Konkurses hinauszuschieben. Zur Lieferung kam es nicht. Damit war der Begriff der Entnahme von Waren nicht erfüllt; hiefür ist die Besitzübernahme erforderlich. (II, 17. September 1928.) Amtl. Sammlg. S. 257—258.

82. **Berufungsverhandlung gegen Abwesende.** (StPO. §§ 233, 332.) Gegen zwei Brüder sollte eine Berufungsverhandlung wegen gemeinschaftlich verübter Nötigung durchgeführt werden. Bei Beginn der Verhandlung war einer der beiden Angeklagten nicht erschienen. Sein Verteidiger beantragte, ihn von der Verpflichtung zum Erscheinen zu entbinden. Dem Antrag wurde stattgegeben. Das führte zur Aufhebung des Urteils, da der Verteidiger die für den Antrag erforderliche besondere Ermächtigung nicht besaß; auch wenn er sie gehabt hätte, wäre eine Verhandlung gegen den Angeklagten erst nach der Zustellung des Beschlusses zulässig gewesen. Des weiteren war die Verlesung eines Protokolls über die richterliche Vernehmung des Angeklagten unterblieben; die Verlesung seiner im schöffengerichtlichen Sitzungsprotokoll beurkundeten Erklärungen genügte nicht. Das Urteil wurde auch in der Richtung gegen den anderen Angeklagten aufgehoben, obwohl dieser keine Revision eingelegt hatte, da nicht ausgeschlossen erschien, daß die ohne zulässige verfahrensrechtliche Grundlagen getroffenen Feststellungen über den ausgebliebenen Angeklagten auch zum Nachteil des Angeklagten verwendet worden waren. (II, 27. September 1928.) Amtl. Sammlg. S. 259—261.
Vgl. Bd. 38 S. 272; Bd. 44 S. 47.

83. **Urkundenfälschung. Handzeichen.** (StGB. § 267.) Ein Gemeindebeamter unterzeichnete Rentenquittungen mit drei Kreuzen und beglaubigte diese als Handzeichen einer zum Rentenempfang berechtigten Person; diese war damit nicht einverstanden. Seine Verurteilung wegen Urkundenfälschung wurde bestätigt. Fälschlich angefertigt ist eine Urkunde, wenn ihr durch die Unterschrift der Schein verliehen werden soll und verliehen wird, daß sie von einem anderen, als von dem wirklichen Aussteller herrührt, wenn also mit der Urkunde eine Täuschung über die Person des Ausstellers bezweckt wird. Durch Herstellung der drei

Kreuze, die nach Herkommen als Ersatz für die Unterschrift von blinden oder schreibunkundigen Personen gelten, in Verbindung mit dem zugefügten Beglaubigungsvermerk hatte der Angeklagte den Anschein hervorgerufen, als ob die Quittungen von der rentenberechtigten Person ausgestellt worden seien. (II, 27. September 1928.)

Amtl. Sammlg. S. 261—262.

Vgl. Bd. 23 S. 184; Bd. 30 S. 43.

84. **Strafantrag. Strafvoraussetzungsgrund. Ermächtigung. Rechtskraft des Schuldspruchs.** (StGB. § 288; StPO. § 158.) Der Prokurist einer Aktiengesellschaft stellte gegen einen Schuldner der Gesellschaft wegen Vereitelung der Zwangsvollstreckung Strafantrag. Gegen das Urteil des Schöffengerichts legte der Angeklagte Berufung ein, beschränkte sie aber auf das Strafmaß. Die Revision wurde darauf gestützt, daß der Strafantrag nicht formgerecht gestellt sei. Das Reichsgericht trat in die Prüfung der Sache ein. Soweit eine Strafverfolgung nur auf Antrag eintritt, gehört ein wirksamer Strafantrag zu den Voraussetzungen des Verfahrens, deren Fehlen auch noch vom Revisionsgericht berücksichtigt und mit der Revision selbst dann geltend gemacht werden kann, wenn die Berufung wirksam auf das Strafmaß beschränkt worden ist. Wie bei sonstigen auf Mängel des Verfahrens gestützten Rügen ist das Revisionsgericht bei der Prüfung, ob ein ausreichender Strafantrag vorliegt, weder auf die vom Berufungsgericht hierüber getroffenen Feststellungen beschränkt, noch an die zugrunde liegende Beweiswürdigung gebunden. Erfolg hatte die Revision nicht. Der Prokurist war zwar nur zusammen mit einem Vorstandsmitglied oder einem zweiten Prokuristen zur Vertretung der Gesellschaft berechtigt, hatte sich aber darauf berufen, daß er von dem Vorstand der Gesellschaft mündlich ermächtigt worden sei, in Fällen dieser Art Strafantrag zu stellen. Als Nachweis dieser Ermächtigung hatte das Berufungsgericht das eidliche Zeugnis des Prokuristen mit Recht als ausreichend angesehen. Nur für den Strafantrag selbst erfordert das Gesetz Schriftlichkeit, nicht aber für den Nachweis der Bevollmächtigung zur Stellung eines Strafantrags. (II, 1. Oktober 1928.)

Amtl. Sammlg. S. 262—263.

Vgl. Bd. 40 S. 274; Bd. 60 S. 281; Bd. 61 S. 45, 357.

85. Unterbrochene Hauptverhandlung. (StPO. § 229.) Die Hauptverhandlung wurde am 17. März unterbrochen. Am 19. März wurde die Verhandlung auf den 22. März, am 22. März auf den 26. März vertagt. Am 26. März wurde sie zu Ende geführt. Das Urteil wurde aufgehoben. Die Hauptverhandlung muß ein zusammenhängendes Ganzes bilden, so daß die Richter unter dem lebendigen Eindruck des vor ihnen Verhandelten zur Entscheidung schreiten. Dieser Erfolg wird vereitelt, wenn die Zuverlässigkeit der Erinnerung durch eine längere Unterbrechung beeinträchtigt wird. Daraus folgt, daß nur solche Termine als Fortsetzung der Hauptverhandlung gelten können, in denen zur Sache verhandelt worden ist. Das traf hier nicht zu; in den Terminen vom 19. und 22. März hatten nur Erörterungen stattgefunden, ob und wann weiterverhandelt werden könne. (III, 4. Oktober 1928.)

Amtl. Sammlg. S. 263—264.

86. Gerichtsbesetzung. Verweisungsbeschluß. Gericht niederer Ordnung. (GVG. §§ 25, 26, 29; StPO. §§ 269, 270, 305; RAbgO. §§ 390, 426 427, 437.) Gegen einen Strafbescheid des Finanzamts wurde Antrag auf gerichtliche Entscheidung gestellt. Das Finanzamt nahm den Strafbescheid zurück und gab die Sache an die Staatsanwaltschaft ab mit dem Antrag, zur Verhandlung vor dem Schöffengericht einen zweiten Amtsrichter zuzuziehen. Der Staatsanwalt erhob Anklage und beantragte Eröffnung des Hauptverfahrens vor dem Amtsgericht. Dem Antrag wurde entsprochen. Nachdem das Finanzamt auf seinen Strafantrag hingewiesen hatte, verwies der Amtsrichter die Sache vor das Schöffengericht. Die Beschwerde des Angeklagten gegen diesen Beschluß wurde verworfen, ebenso die Berufung des Angeklagten gegen das Urteil des Schöffengerichts. Seine Revision hatte keinen Erfolg. Das Recht, die Zuziehung eines zweiten Amtsrichters zu beantragen, hat das Finanzamt nur dann, wenn es den Strafbescheid, gegen den auf gerichtliche Entscheidung angetragen ist, nicht zurücknimmt. Gibt es nach Zurücknahme des Strafbescheids die Sache an die Staatsanwaltschaft ab, so steht es in deren Ermessen, ob sie die Zuziehung eines zweiten Amtsrichters beantragen will. Das Finanzamt hat allerdings die Rechte eines Nebenklägers; diese beginnen aber erst mit der Erhebung der öffentlichen Klage durch die Staatsanwaltschaft. Nachdem der Staatsanwalt die Eröffnung des Verfahrens vor dem Amtsgericht beantragt hatte, war der erste Beschluß zu Recht ergangen und hätte nicht aufgehoben werden dürfen. Das Finanzamt hätte ein Beschwerderecht nur gehabt, wenn abweichend vom Antrag der Staatsanwaltschaft die Verweisung an ein Gericht niederer Ordnung ausgesprochen worden wäre; das war nicht der Fall. Nach Eröffnung des Hauptverfahrens konnte ein Antrag auf Zuziehung eines zweiten Amtsrichters nicht gestellt werden. Das Schöffengericht war also auf ordnungswidrige Weise mit der Sache befaßt worden. Gleichwohl konnte dieser Mangel nicht zur Aufhebung des Urteils führen. Ein Gericht darf sich nicht aus dem Grunde für unzuständig erklären, weil die Sache vor ein Gericht niederer Ordnung gehört. Im Sinne dieser Vorschrift ist auch der allein entscheidende Amtsrichter im Vergleich zum Schöffengericht ein Gericht niederer Ordnung. Die Vorschrift gilt auch dann, wenn das Gericht höherer Ordnung durch einen zu Unrecht erlassenen Verweisungsbeschluß mit der Sache befaßt worden ist. (I, 5. Oktober 1928.) Amtl. Sammlg. S. 265—272. Vgl. Bd. 1 S. 66; Bd. 2 S. 120; Bd. 5 S. 243; Bd. 10 S. 56; Bd. 13 S. 383; Bd. 16 S. 39; Bd. 24 S. 64; Bd. 27 S. 125; Bd. 31 S. 100; Bd. 32 S. 79; Bd. 43 S. 217; Bd. 44 S. 392; Bd. 52 S. 305; Bd. 55 S. 242; Bd. 58 S. 126; Bd. 59 S. 57, 299; Bd. 60 S. 39.

87. **Ordentlicher Vorsitzender. Verhinderung.** (GVG. §§ 62, 66.) Der Vorsitzende einer Strafkammer trat mit Ablauf des 31. Januar 1928 in den Ruhestand. Da in Aussicht genommen war, das Landgericht aufzuheben, mußte das Gesamtministerium entscheiden, ob die Stelle wieder besetzt werden sollte. Das Justizministerium beantragte die Entscheidung am 23. Januar 1928; sie erging am 18. Mai 1928 und am gleichen Tag wurde die Stelle wieder besetzt. Hiernach war die Stelle nur vorübergehend nicht besetzt. Dieser Zustand steht der Verhinderung des Vorsitzenden gleich. Nur dann, wenn mit der Verzögerung oder Unterlassung der Wiederbesetzung einer Stelle aus irgendeinem Grund eine Umgehung der gesetzlichen Vorschriften über die Führung des Vorsitzes beabsichtigt wird, ist eine Verhinderung des ordentlichen Vorsitzenden zu verneinen. (I, 5. Oktober 1928.)

Amtl. Sammlg. S. 273—376.
Vgl. Bd. 23 S. 99; Bd. 54 S. 298; Bd. 55 S. 201, 236; Bd. 56 S. 63.

88. **Bankerott. Beiseiteschaffen. Gläubigerbegünstigung.** (StGB. § 288; KO. §§ 239, 240, 241; BGB. §§ 1252, 1273, 1291.) Zwei Brüder, Gesellschafter einer offenen Handelsgesellschaft, besaßen anteilig mit ihren Schwestern auf dem Grundstück ihrer Mutter eine Grundschuld. Um den drohenden Zusammenbruch der Gesellschaft aufzuhalten, wurde diese Grundschuld einer Bank verpfändet. Als der Konkurs unvermeidlich war, tilgten die beiden Gesellschafter die Bankschuld, befreiten damit die Grundschuld von der Pfandlast und erteilten für ihre Anteile der Mutter Löschungsbewilligung, worauf diese Anteile gelöscht wurden. Sie wurden wegen Beiseiteschaffen von Vermögensstücken und Gläubigerbegünstigung in Tateinheit verurteilt. Ihre Revision hatte Erfolg. Ein Beiseiteschaffen von Vermögensstücken war darin zu finden, daß die Angeklagten durch Erteilung der Löschungsbewilligung bewußt und gewollt zur Löschung der Grundbuchanteile mitwirkten. Der Begriff des Beiseiteschaffens umfaßt sowohl die räumliche, einen Zugriff der Gläubiger vereitelnde oder wesentlich erschwerende Verschiebung eines Gegenstands, wie dessen rechtsgeschäftliche Veräußerung, soferne sie außerhalb des Rahmens einer ordnungsmäßigen Geschäftsführung mit dem Bewußtsein jener Vereitelung erfolgt. Veräußerung ist jede Handlung, wodurch die Substanz eines Rechts behufs Übertragung oder Aufhebung desselben aufgegeben wird. Daraus, daß im § 288 StGB. neben dem Beiseiteschaffen die Veräußerung besonders aufgeführt wird, folgt nicht, daß § 239 KO., der nur das Beiseiteschaffen erwähnt, die Veräußerung nicht treffen wollte; im § 288 StGB. ist nur der Begriff des Beiseiteschaffens in seine beiden Unterarten, die tatsächliche und rechtliche Verschiebung von Vermögensstücken, die Beiseiteschaffung im engeren Sinne und die Veräußerung gespalten. Daß die Angeklagten in der Absicht der Benachteiligung ihrer Gläubiger gehandelt hatten, war durch das Urteil ausdrücklich festgestellt. Unrichtig war dagegen die Verurteilung der Angeklagten wegen Gläubigerbegünstigung. Die Schwestern der Angeklagten waren dadurch, daß sie die Verpfändung ihrer Anteile an der Grundschuld ge-

statteten, nicht notwendig Gläubiger der Angeklagten geworden; welches Rechtsgeschäft hierbei zugrunde lag, war im Urteil nicht festgestellt. Auch der Begriff der Befriedigung war verkannt. Durch die Zahlung der Bankschuld trat allerdings eine Entlassung der Grundschuld aus dem Pfandverband ein, aber durch die Zahlung wurden nicht den Schwestern der Angeklagten, sondern der Bank Vermögenswerte zugewendet; die Verpfändung der Grundschuld wurde kraft Gesetzes von selbst gegenstandslos. Ob eine Gläubigerbegünstigung gegenüber der Bank vorlag, hatte das Urteil nicht geprüft. (III, 8. Oktober 1928.)

Amtl. Sammlg. S. 277—281.

Vgl. Bd. 2 S. 118; Bd. 6 S. 100; Bd. 7 S. 237; Bd. 48 S. 217; Bd. 61 S. 107, 407; Bd. 62 S. 152.

89. **Apotheker. Rauschgift. Heilmittel. Ärztliche Verordnung. Rezeptzwang. Gesetzesauslegung.** (OpiumG. §§ 2, 9; AusfBest. I Abs. 6; StGB. § 367.) Ein Apothekenbesitzer ließ durch einen Angestellten Krankenkassen und Krankenanstalten besuchen, um Bestellungen auf Heilmittel, darunter auch Rauschgifte, besonders Morphium, entgegenzunehmen. Die Bestellscheine waren meist von einem Arzt, in einzelnen Fällen aber von einer Krankenschwester unterschrieben. Das Landgericht nahm an, daß der Angeklagte als Apotheker für die Ausführung der Bestellungen keiner Erlaubnis bedurft habe. Das Reichsgericht verwies die Sache zurück. Nach dem Opiumgesetz ist der Handel mit Rauschgiften sowie ihr Erwerb und ihre Veräußerung nur Personen gestattet, denen hierzu die Erlaubnis erteilt worden ist; nur in Apotheken dürfen solche Stoffe ohne Erlaubnis als Heilmittel abgegeben werden. Die Reichsregierung ist ermächtigt, mit Zustimmung des Reichsrates Ausführungsbestimmungen zu erlassen. Demgemäß hat der Reichsminister des Innern verfügt, daß die Befreiung von der Erlaubnis sich sowohl auf den Erwerb durch Apotheken zwecks Abgabe in der Apotheke, als auch für die Abgabe und den Erwerb auf Grund ärztlicher Verordnung erstrecke, daß dagegen eine Abgabe durch den Apotheker zu anderen Zwecken nicht zulässig sei. Die Rechtsgültigkeit dieser Verfügung steht außer Zweifel, zumal durch die Novelle zum Opiumgesetz vom 21. März 1924 bestimmt worden ist, daß durch die Reichsregierung mit Zustimmung des Reichsrates über die Abgabe von

Rauschgiften in Apotheken einschränkende Bestimmungen erlassen werden dürfen, die eine Überwachung des Verkehrs zwischen Apotheken und Verbraucher ermöglichen. Der Begriff der ärztlichen Verordnung ist aus dem Reichsgesetz unter Berücksichtigung der von ihm verfolgten Zwecke sowie des allgemeinen Sprachgebrauchs und der in ärztlichen Fachkreisen bestehenden Auffassung zu bestimmen. Hiernach fallen darunter nicht nur Anweisungen, die der Arzt nach Prüfung des einzelnen Falles für einzelne Kranke ausstellt, sondern auch Anweisungen, die der Arzt ohne Rücksicht auf bestimmte Einzelfälle für den Bedarf seiner Sprechstunden oder der von ihm ärztlich zu versorgenden Krankenanstalt ausgeschrieben hat. Die ärztliche Verordnung kann auch in die Form eines Bestellscheins gekleidet werden. Unzulässig ist dagegen die Abgabe und der Erwerb von Rauschgiften aus Apotheken auf Grund einer Bestellung, die zwar von einem Arzt, aber nicht für den Bedarf seiner Sprechstunde oder der ärztlich von ihm zu versorgenden Krankenanstalt oder von einer Krankenschwester ohne ärztliche Bestätigung erfolgt ist. Demgemäß war zu prüfen, ob die von Krankenschwestern ausgehenden Bestellungen ärztlich bestätigt worden waren. (II, 11. Oktober 1928.) Amtl. Sammlg. S. 281—285.

Vgl. Bd. 56 S. 339; Bd. 58 S. 406.

90. Grunderwerbsteuer. Eigentumsübergang. (GrunderwSt G. § 4.) Bei einem Grundstücksverkauf wurde der Kaufpreis in der notariellen Urkunde vom 24. Februar 1923 mit 1 500 000 Papiermark angegeben; in Wirklichkeit betrug er 285 Dollar, was an diesem Tag einem Betrag von ungefähr 6 500 000 Papiermark entsprach. Die Umschreibung im Grundbuch wurde zunächst verweigert, da die erforderliche Genehmigung fehlte; nachträglich wurde sie am 13. Juli 1923 vollzogen, da der Magistrat die Frist zur Erklärung ungenutzt verstreichen ließ. Der Verurteilung wegen Hinterziehung der Grunderwerbsteuer wurde entgegengehalten, daß trotz der Umschreibung das Eigentum nicht übergegangen sei, weil die in der Versäumung einer fristgerechten Versagung zu erblickende Genehmigung des Geschäfts sich nur auf den notariell beurkundeten, jedoch wegen Verheimlichung eines Teiles des Kaufpreises nichtigen Kaufvertrag beziehen konnte. Das traf allerdings zu; steuerrechtlich kamen aber diese Mängel der Auflassung und Umschreibung solange nicht in Betracht, als die Beteiligten die durch Übergabe und Umschreibung tatsächlich vollzogene Grundstücksübertragung wirtschaftlich unter sich gelten ließen und nicht wieder rückgängig machten. Es ist allgemeiner steuerrechtlicher Grundsatz, daß die Beteiligten aus der Nichtigkeit eines steuerpflichtigen Vorgangs erst dann Rechte herleiten können, wenn sie den Vorgang ihrerseits auch in seinen wirtschaftlichen Wirkungen beseitigen. (II, 11. Oktober 1928.)

Amtl. Sammlg. S. 285—287.

Vgl. Bd. 62 S. 190; RGZ. Bd. 111 S. 239; Bd. 115 S. 35; RFH. Bd. 12 S. 100; Bd. 20 S. 155; Bd. 22 S. 92.

91. **Konkurs. Anerkennung erdichteter Schulden.** (KO. § 239.) Ein Kaufmann stellte am 10. Juli 1924 seine Zahlungen ein; am 18. Juni 1924 wurde der Konkurs über sein Vermögen eröffnet. Am 12. Juni 1924 erkannte er zu notarieller Urkunde an, von seiner Mutter ein Darlehen von 1000 Reichsmark erhalten zu haben und übereignete ihr zur Sicherheit seine Kontormöbel. Das Darlehen war erdichtet. Seine Verurteilung wegen Anerkennung erdichteter Forderungen wurde bestätigt. Als Anerkennung ist jede Willenserklärung des Schuldners zu betrachten, in der er das Bestehen einer Schuld oder eines Rechtsgeschäfts, die sein Vermögen belasten, nach außen hin in einer Weise bestätigt, die geeignet ist, die Befriedigung der Gläubiger zu beeinträchtigen. Nicht nötig ist, daß die Anerkennung im Konkursverfahren erfolgt; es genügt, wenn die Zahlungseinstellung vorhergeht; die Anerkennung kann namentlich in der Weise geschehen, daß der Schuldner und der angeblich Berechtigte gemeinsame Sache machen und in einem formellen Vertrag die erdichtete Schuld oder das vorgetäuschte Rechtsgeschäft beurkunden. Es kann deshalb auch nicht gefordert werden, daß die erdichteten Vorgänge im Konkursverfahren zum Zwecke der Benachteiligung der Gläubiger geltend gemacht werden; an der gegenteiligen früheren Auffassung wurde nicht mehr festgehalten. (I, 12. Oktober 1928.)

Amtl. Sammlg. S. 287—289.

Vgl. Bd. 2 S. 338.

92. **Parteiverrat. Irrtum.** (StGB. § 356.) Zu einem Rechtsanwalt kam ein Handlungsgehilfe, der von seiner Firma entlassen worden war und ersuchte ihn, gegen

den Prokuristen der Firma Beleidigungsklage zu erheben. Der Rechtsanwalt lehnte das ab, weil er die Firma vielfach vertrete. Bei der Besprechung legte der Handlungsgehilfe die Abschrift eines von ihm ausgestellten Schuldanerkenntnisses vor und fragte den Rechtsanwalt, was er dazu sage. Dieser erwiderte, das Anerkenntnis gehe in Ordnung, es sei nichts dagegen zu machen; ein Begleiter des Handlungsgehilfen wies darauf hin, daß dieser bei der Abgabe des Anerkenntnisses nicht im vollen Besitze seiner geistigen Kräfte gewesen sei. Der Rechtsanwalt wies dann darauf hin, daß eine Anfechtungsklage vor das Kaufmannsgericht gehöre, vor dem er nicht auftreten könne, erklärte sich aber bereit, mit dem Prokuristen der Firma, mit dem er öfter zu tun habe, wegen einer gütlichen Erledigung der Sache zu reden. Dieser lehnte eine solche ab, beauftragte vielmehr den Rechtsanwalt, auf Grund des Schuldanerkenntnisses gegen den Handlungsgehilfen vorzugehen. Der Rechtsanwalt erwirkte einen Arrestbefehl und ließ ihn vollstrecken. Wegen Parteiverrats angeklagt, wurde er in zwei Instanzen freigesprochen. Das Reichsgericht verwies die Sache zurück. Der Handlungsgehilfe hatte dem Angeklagten das Schuldanerkenntnis mit der Frage unterbreitet, ob sich dagegen etwas machen lasse und hatte ihn gebeten, für eine gütliche Erledigung der Sache zu wirken; damit war dem Angeklagten diese Angelegenheit, in der die Interessen des Handlungsgehilfen und der Firma sich schroff gegenüberstanden, anvertraut. Hiefür ist nicht mehr erforderlich, als die Angabe des Sachverhalts in der Auffassung des Klienten zum Zwecke der Wahrnehmung seiner Interessen durch Rat oder sonstigen Beistand des Anwalts. Durch die Verhandlung mit dem Prokuristen führte der Angeklagte den ihm erteilten Auftrag aus. Daß er zu dem Begleiter des Handlungsgehilfen, der diesen zu ihm geführt hatte, in freundschaftlichen Beziehungen stand, war belanglos; der Handlungsgehilfe hatte ihn in seiner Kanzlei aufgesucht, ihn mit der Erhebung einer Privatklage beauftragen wollen, ihn wegen des Schuldanerkenntnisses um Aufschluß gebeten, ihm Dinge anvertraut, die der Gegner nicht erfahren durfte, ihn schließlich um eine Vergleichsbemühung ersucht: all das fiel in die Berufstätigkeit des Angeklagten und deutete darauf hin, daß er als Rechtsanwalt angegangen war.

Daß seine Tätigkeit mit der Ablehnung eines Vergleichs durch den Prokuristen ihr Ende erreicht hatte, entband ihn nicht von der Treupflicht. In Betracht kam nur, ob der Angeklagte nicht infolge eines tatsächlichen Irrtums der Meinung war, der Handlungsgehilfe wolle ihn nur außerhalb seiner Berufstätigkeit zu Rate ziehen oder er habe ihm in einer ihm erkennbaren Weise zum Ausdruck gebracht, daß er ihm in der Anfechtungssache nicht als Anwalt dienen wolle. Was den inneren Tatbestand hinsichtlich des Merkmals der Pflichtwidrigkeit anbelangte, war zu beachten, daß dieser Begriff seinen Inhalt zum Teil aus Normen erhielt, die nicht dem Strafrecht angehören. Grundsätzlich ist davon auszugehen, daß dann, wenn Pflichtwidrigkeit in den gesetzlichen Tatbestand eines Strafgesetzes aufgenommen ist, dem Täter das Bewußtsein einer Pflichtwidrigkeit nachgewiesen werden muß und daß an sich auch hier unter dem Vorsatz das bewußte Wollen dieses Merkmals, das zum äußeren Tatbestand des Vergehens gehört, zu verstehen ist. Das Berufungsgericht hatte angenommen, daß der Angeklagte nicht das Bewußtsein der pflichtwidrigen Berufsausübung gehabt habe, daß vielmehr auf seiner Seite ein tatsächlicher Irrtum über den Begriff Pflichtwidrigkeit vorlag, der ihm zugute kommen müsse. Das Reichsgericht erklärte diese Ausführungen nicht für genügend, um die Freisprechung zu tragen. Wenn auch der Irrtum über die Pflichtwidrigkeit auf außerstrafrechtlichem Gebiete liegen kann, so ist das doch dann nicht der Fall, wenn Gegenstand des Irrtums ein dem Tatbestand des Parteiverrats angehöriges Merkmal ist und der Täter infolge dieses Irrtums die Pflichtwidrigkeit nicht erkennt. Das ist bereits für einen Fall entschieden worden, in dem der Täter irrtümlich angenommen hatte, daß es sich nicht um dieselbe Rechtssache handle. Das gleiche mußte für den vorliegenden Fall gelten, wenn der Angeklagte die Beratung des Handlungsgehilfen nicht als eine Berufstätigkeit ansieht und sich trotz Kenntnis der Tatumstände, die sich vor ihm abspielten, über das Anvertrautsein in amtlicher Eigenschaft irrte. Anders würde die Sache liegen, wenn der Angeklagte irrig das Einverständnis seines früheren Auftraggebers angenommen hätte. Das Berufungsgericht hatte also Verrat und Gegenstand eines etwaigen Irrtums festzustellen und zu

prüfen, ob er dem Strafrecht oder einem Rechtsgebiete außerhalb des Strafrechts angehörte. (I, 21. September 1928.) Amtl. Sammlg. S. 289—297
Vgl. Bd. 23 S. 64; Bd. 45 S. 306; Bd. 49 S. 343; Bd. 58 S. 249; Bd. 60 S. 300; Bd. 62 S. 158.

93. **Versicherungsbetrug. Rechtliches Zusammentreffen.** (StGB. §§ 73, 265, 308.) Ein Mann zündete die Scheune seines Schwiegervaters, der gegen Feuersgefahr versichert war, in der Absicht an, seinem Schwiegervater die Versicherungssumme zu verschaffen und dann von ihm Hilfe in seiner wirtschaftlichen Bedrängnis zu erhalten. Der Tatbestand des Versicherungsbetrugs wurde dadurch nicht erfüllt; es fehlte sowohl an der Rechtswidrigkeit des erstrebten Vermögensvorteils wie an dem ursächlichen Zusammenhang zwischen der Irrtumserregung und dem Vermögensschaden. Da der Versicherungsnehmer an der Brandstiftung völlig unbeteiligt war, bestand für die Versicherungsgesellschaft die Pflicht zur Zahlung der Brandentschädigung, auch wenn Brandstiftung vorlag und sie über die Brandursache getäuscht wurde. Anders wäre die Rechtslage gewesen, wenn die Scheune unzulässig über ihren Wert versichert gewesen wäre und der Angeklagte bei der Brandlegung das Ziel verfolgt hätte, seinem Schwiegervater durch Täuschung der Versicherungsgesellschaft die volle, ihm in dieser Höhe nicht zustehende Versicherungssumme zu verschaffen; eine Überversicherung und das Bewußtsein des Angeklagten hievon war aber nicht festgestellt. Der Angeklagte hatte zwar bei den Entschädigungsverhandlungen unwahre Angaben gemacht, um für seinen Schwiegervater eine höhere Entschädigung herauszuschlagen, als ihm zukam; es ließ sich aber nicht feststellen, daß er diese Absicht schon bei der Brandlegung hatte. Da zwischen Brandstiftung und Versicherungsbetrug rechtliches Zusammentreffen angenommen war, konnte auch die Verurteilung wegen Brandstiftung nicht bestehen bleiben. (II, 27. September 1928.) Amtl. Sammlg. S. 297—299.
Vgl. Bd. 1 S. 81; Bd. 16 S. 100; Bd. 23 S. 352; Bd. 59 S. 220, 247; Bd. 60 S. 129.

94. **Ablehnung eines Richters. Berichterstatter.** (StPO. §§ 23, 28, 156, 170, 198, 203.) Die Ablehnung eines Richters wurde damit begründet, daß dieser bei der Fassung des Eröffnungsbeschlusses als Berichterstatter

mitgewirkt und entgegen dem Antrag des Staatsanwalts die Eröffnung des Verfahrens mitbeschlossen habe. Die Ablehnung wurde für unbegründet erklärt; die Revision des Angeklagten hatte keinen Erfolg. Die Vorschrift der früheren Strafprozeßordnung, daß der Richter, der als Berichterstatter an der Entscheidung über die Eröffnung des Hauptverfahrens mitgewirkt hat, an der Hauptverhandlung nicht teilnehmen darf, ist aufgehoben worden. Damit hat der Gesetzgeber zu erkennen gegeben, daß er jene frühere Betätigung des Richters nicht mehr als unvereinbar mit der Teilnahme an der Hauptverhandlung und nicht mehr schon um ihrer selbst willen als geeignet ansieht, die Besorgnis der Befangenheit zu begründen. Diese Auffassung hat auch der Angeklagte regelmäßig gelten zu lassen und eine unbegründete Besorgnis der Befangenheit kann bei ihm auch gegenüber einem solchen Richter nur anerkannt werden, wenn besondere Gründe dazukommen, die sein Mißtrauen gegen den Richter rechtfertigen. Als ein solcher Grund kann nicht die Tatsache allein gelten, daß der Richter sich entgegen dem Antrag des Staatsanwalts bei der Eröffnung des Hauptverfahrens betätigt hat. Über die Ergebnisse einer Voruntersuchung hat nicht die Staatsanwaltschaft, sondern die Strafkammer zu entscheiden; sie ist dabei weder an die Anträge der Staatsanwaltschaft gebunden, noch berechtigt, ihre Prüfung lediglich auf die tatsächlichen und rechtlichen Ausführungen der Staatsanwaltschaft zu beschränken. Der Umstand allein, daß ein Richter auf Grund des Akteninhalts abweichend von der Ansicht des Staatsanwalts einen hinreichenden Verdacht als gegeben angesehen hat, genügt nicht zur Begründung der Annahme, der Richter werde bei Prüfung des Schuldbeweises seine Überzeugung pflichtwidrig nicht ausschließlich aus den Ergebnissen der mündlichen Verhandlung herleiten, sondern sich von seiner früheren Meinung beeinflussen lassen. (II, 15. Oktober 1928.) Amtl. Sammlg. S. 299—303.

Vgl. Bd. 19 S. 332; Bd. 60 S. 43; Bd. 61 S. 67.

95. **Falscheid. Widerruf. Einleitung der Untersuchung.** (StGB. §§ 158, 163.) In einem Unterhaltsprozeß wurde ein Mann darüber vernommen, ob er mit der Mutter des klagenden Kindes während der Empfängniszeit geschlechtlich verkehrt habe. Er stellte das in

Abrede, ebenso, daß er früher einen solchen Verkehr selbst behauptet habe. Bei einer späteren Vernehmung gab er als möglich zu, eine solche Behauptung aufgestellt zu haben. Schon vorher war ein Verfahren wegen Meineids gegen ihn eingeleitet worden, weil er wahrheitswidrig einen geschlechtlichen Verkehr geleugnet habe. Auf die weitere Aussage, daß er einen solchen Verkehr auch nicht behauptet habe, wurde die Untersuchung erst ausgedehnt, nachdem er diese Aussage richtiggestellt hatte. Er wurde wegen Falscheids verurteilt, aber für straflos erklärt. Die Revision des Staatsanwalts hatte keinen Erfolg. Wenn auch der Angeklagte bei seiner späteren Vernehmung nicht freiwillig, sondern unter dem Druck äußerer Verhältnisse seine frühere Aussage berichtigte, so stand das doch der Annahme eines rechtswirksamen Widerrufs nicht entgegen, da unter einem solchen jede Kundgebung der Unrichtigkeit der Aussage zu verstehen ist und Freiwilligkeit nicht erfordert wird. Hat ein Zeuge mehrere Tatsachen bekundet und beschworen, von denen die eine der Wahrheit entspricht, die andere unrichtig war, so erstreckt sich eine Anzeige, die nur die wahren Aussagen anführt, nicht auf die unwahre Aussage, selbst wenn zwischen beiden ein gewisser Zusammenhang insbesondere in dem Sinn besteht, daß von der Wahrheit oder Unwahrheit der einen Tatsache auf die Wahrheit oder Unwahrheit der anderen geschlossen werden kann. Allerdings kommt es für den Begriff der Anzeige nur auf die Grundzüge, auf die allgemeine Richtung der Äußerung des Anzeigeerstatters an. Will der Anzeigende erzielen, daß eine Untersuchung wegen Meineids nicht lediglich hinsichtlich einzelner, besonders hervorgehobener Punkte der Aussage, sondern hinsichtlich der ganzen Aussage eingeleitet wird, so ist wegen aller Punkte der Aussage Anzeige erstattet, auch wenn der Anzeigende wissentliche Verletzung der Eidespflicht behauptet, während wirklich eine fahrlässige vorliegt. Im gegebenen Fall hatte sich aber die Anzeige auf einen bestimmten Punkt beschränkt und auch die Untersuchung war auf den anderen Punkt erst nach dessen Berichtigung erstreckt worden. (I, 16. Oktober 1928.)

Amtl. Sammlg. S. 303—306.

Vgl. Bd. 25 S. 366; Bd. 34 S. 422; Bd. 42 S. 65; Bd. 58 S. 184.

96. **Umzugskosten.** (UmzKostenVerf. vom 24. März 1925.) Ein Umzug beschränkt sich begrifflich auf die Überführung von Personen und Sachen, die schon in der bisherigen Wohnung zum Hausstand des Umziehenden gehörten. Demgemäß werden Ausgaben für die Überführung von Mobilien zur erstmaligen Aufnahme in den Hausstand oder zur Errichtung eines eigenen Hausstandes, insbesondere für die Heranziehung des Heiratsguts an den Dienst- oder Wohnort grundsätzlich nicht erstattet. Ebenso sind die Fahrtauslagen und die Kosten der Gepäckbeförderung für einen Hausangestellten nicht zu erstatten, der am alten Wohnort im Haushalt des Beamten noch nicht tätig war, sondern dort nur für den neuen Wohnort in Dienst genommen worden ist. (II, 25. Oktober 1928.)

Amtl. Sammlg. S. 307—308.

97. **Kirchenkasserendant. Beamter.** (StGB. § 359; RVerf. Art. 137.) Die Vorschriften der Reichsverfassung, wonach jede Religionsgesellschaft ihre Angelegenheiten innerhalb der Schranken des für alle geltenden Gesetzes selbständig ordnet und verwaltet, und daß sie ihre Ämter ohne Mitwirkung des Staates oder der bürgerlichen Gemeinde verleiht, schließt nicht aus, daß bestimmte Angestellte einer Religionsgesellschaft Beamte im Sinne des Strafgesetzes sind. Nach der Evangelischen militärkirchlichen Dienstordnung vom 17. Oktober 1902 hat der Kirchenvorstand, der bei jeder Garnisonskirche gebildet wird, für diese und alles ihm überwiesene Reichseigentum neben der Garnisonsverwaltung die Mitverantwortung zu tragen; als Rendant, der zugleich Mitglied des Kirchenvorstands ist, wird ein Beamter der Militärverwaltung bestellt. Seine Geschäfte als solcher gehören zu seinen allgemeinen Dienstpflichten; für die Führung der Kassengeschäfte gelten die Bestimmungen der Kassenordnung für die Truppen. Die Kirchenkasse wird durch einen von der Garnisonsverwaltung abgeordneten Beamten geprüft. Hiernach verwaltet der Rendant unter behördlicher Aufsicht reichsfiskalisches Kirchenvermögen und ist deshalb Beamter im Sinne des Strafgesetzbuches. (II, 1. November 1928.)

Amtl. Sammlg. S. 308—309.

Vgl. Bd. 13 S. 432; Bd. 14 S. 130.

98. **Hilfsstrafkammer. Vorsitzender. Vertreter.** (GVG. §§ 62, 63, 66.) Ein Urteil einer Hilfsstrafkammer wurde

mit der Begründung angefochten, daß kein Bedürfnis für die Errichtung der Hilfsstrafkammer vorhanden gewesen sei. Nach dem Präsidialbeschluß über die Errichtung war die Strafkammer, deren Geschäfte sie übernommen hatte, mit einer längere Zeit erfordernden Strafsache befaßt, es lag also Überlastung vor. Ob das wirklich zutraf, hatte das Revisionsgericht nicht nachzuprüfen; die Entscheidung hierüber kam ausschließlich der Justizverwaltung zu. Mit dem Vorsitz war ein Direktor betraut worden, obwohl er durch sonstige Beschäftigung, insbesondere durch den Vorsitz in seiner Kammer voll in Anspruch genommen und deshalb tatsächlich verhindert war, den Vorsitz in der Hilfskammer auszuüben. Auch das war nicht zu beanstanden. Der Grundsatz, daß der regelmäßige Vorsitz in einer Kammer nach der Geschäftsverteilung nur einem Landgerichtsdirektor übertragen werden darf, wird nicht beeinträchtigt, wenn für außerordentliche Fälle eines vorübergehenden Bedürfnisses der an der Amtsausübung verhinderte ordentliche Vorsitzende durch seinen Stellvertreter vertreten wird, auch wenn das längere Zeit andauert. Die Vertretung war allerdings durch einen Präsidialbeschluß geregelt worden, was nur für die kleine Strafkammer zulässig ist; da aber als Stellvertreter jenes Mitglied bestellt wurde, dem ohnehin schon nach dem Gesetz die Stellvertretung zukam, war dieser Beschluß unschädlich. (II, 12. November 1928.) Amtl. Sammlg. S. 309—311. Vgl. Bd. 55 S. 201, 236; Bd. 56 S. 157; RGZ. Bd. 119 S. 280.

99. Luftverkehr. Segelflugzeug. Irrtum. (LuftVerkG. §§ 3, 4, 6, 32; StGB. § 59.) Eine Segelflugschule war ohne polizeiliche Erlaubnis eröffnet worden. Der Leiter wurde hiewegen angeklagt, aber in allen Instanzen freigesprochen. Segelflugzeuge, die ohne motorischen Antrieb durch den Wind fortbewegt werden, sind als Luftfahrzeuge anzusehen. Luftfahrzeuge dürfen in Deutschland nur verkehren, wenn sie in die Luftfahrzeugrolle eingetragen sind. Für Segelflugzeuge ist die Eintragung noch nicht geregelt; demgemäß besteht die Verpflichtung zur Eintragung für sie vorerst nicht. Wer gewerbsmäßig Personen zu Luftfahrern ausbilden will, bedarf der Genehmigung. Der Angeklagte hätte um diese Genehmigung bei der Verwaltungsbehörde des Landes, in dem er seine

Flugschule eröffnete, nachsuchen sollen. Da aber die Erteilung der Genehmigung noch nicht näher geregelt ist, in Preußen und Württemberg, wo der Angeklagte früher tätig war, eine Genehmigung überhaupt nicht verlangt wird, war die Annahme des Angeklagten, er bedürfe keiner Genehmigung, ein Irrtum, der nicht das Strafgesetz betraf und seine Schuld ausschloß. (I, 13. November 1928.)
Amtl. Sammlg. S. 312—314.

100. Ausschließung eines Richters. Untersuchungsrichter. (StPO. §§ 22, 23.) In der Hauptverhandlung über eine Anklage wegen Teilnahme an einem Raufhandel wirkte ein Richter mit, der früher gegen eine andere wegen Teilnahme an demselben Raufhandel angeschuldigte Person die Voruntersuchung geführt hatte. Die hierauf gestützte Revision hatte keinen Erfolg. Die frühere Voruntersuchung und die nunmehrige Hauptverhandlung betrafen wohl denselben geschichtlichen Vorgang, aber nicht dieselbe Sache; die Voruntersuchung war schon durch Außerverfolgungsetzung des Angeschuldigten abgeschlossen gewesen, ehe das neue Verfahren anhängig wurde. Der Begriff derselben Sache ist für die Staatsanwaltschaft und den Untersuchungsrichter verschieden abzugrenzen. Die Tätigkeit der Staatsanwaltschaft zur Erforschung des Sachverhalts bezieht sich auf die Tat in ihrem vollen Umfang; das von der Staatsanwaltschaft eingeleitete Verfahren umfaßt daher regelmäßig jede strafbare Teilnahme an der Tat; die gegen einen der Verdächtigen entfaltete Tätigkeit der Staatsanwaltschaft richtet sich mittelbar gegen jeden, auch zurzeit noch unbekannten Täter. Demnach würde ein Fall der Ausschließung gegeben gewesen sein, wenn der Richter in der früheren Sache als Staatsanwalt tätig gewesen wäre. Anders liegt die Sache beim Untersuchungsrichter. Dieser darf die Voruntersuchung nur gegen bestimmte Beschuldigte führen; eine Voruntersuchung gegen unbekannte Täter oder Teilnehmer ist ausgeschlossen. Wäre für die Gleichheit der Sache die Gleichheit der den Gegenstand des Verfahrens bildenden Tat allein und ohne jede Rücksicht auf die Person der daran Beteiligten entscheidend, so wäre die Folgerung nicht zu umgehen, daß der Untersuchungsrichter, der die Voruntersuchung gegen den Täter geführt hat, kraft Gesetzes als Mitglied des gegen die Anstifter, Begünstiger oder Hehler erkennenden Gerichts ausgeschlossen wäre, auch wenn er gegen sie niemals eine Untersuchungshandlung vorgenommen hätte. Das hat das Reichsgericht schon früher abgelehnt. (I, 13. November 1928.) Amtl. Sammlg. S. 314—318. Vgl. Bd. 17 S. 173; Bd. 54 S. 316; Bd. 57 S. 275.

101. Kommissarische Vernehmung. (StPO. § 223.) Ein Zeuge, der zu einer am 11. Juni 1928 stattfindenden Hauptverhandlung geladen wurde, gab dem Vorsitzenden bekannt, daß er sich auf einer Erholungsreise befinde und erst am 15. Juni an seinen Wohnsitz zurückkehren werde. Es wurde eine kommissarische Vernehmung angeordnet. Die hierauf gestützte Revision wurde zurückgewiesen. Der Vorsitzende hatte, ehe die kommissarische Vernehmung beschlossen wurde, dienstlich erklärt, daß eine Vertagung des Termins nicht angängig sei. Hieraus ergab sich, daß sie eine erhebliche Verzögerung des Verfahrens herbeigeführt hätte. Das rechtfertigte den Beschluß. Ob der Zeuge seine Erholungsreise hätte unterbrechen oder früher beenden können, unterlag der Beurteilung der Strafkammer. (II, 15. November 1928.) Amtl. Sammlg. S. 318—319.

102. Zollhinterziehung. Mittäterschaft. Beihilfe. (VZG. § 135; StGB. § 47.) Zwei in Holland ansässige Personen kauften dort auf Bestellung Waren ein und brachten sie den Bestellern an den Grenzbahnhof; in einigen Fällen übergaben sie die Waren auch erst am Zug oder versteckten sie in der Nähe des Bahnhofs und benachrichtigten die Besteller. Sie wußten, daß die Waren unter Hinterziehung der Zollabgaben nach Deutschland eingeführt werden sollten. Ihre Verurteilung wegen Zollhinterziehung wurde nicht bestätigt. Das Landgericht hatte angenommen, daß die Angeklagten die Handlungen der Besteller als eigene gewollt hätten und daß darum die Voraussetzungen der Mittäterschaft auch auf ihrer Seite gegeben seien. Das erklärte das Reichsgericht für bedenklich. Mittäterschaft erfordert gemeinschaftliches Handeln. Deshalb kann ein Teilnehmer trotz seines Willens, die ganze Tat als gemeinschaftliche und dadurch zugleich als eigene zur Vollendung zu bringen, nur insoferne zum Mittäter werden, als das, was im Rahmen des gemeinsamen Wollens mit vereinten Kräften ausgeführt wird, einen zugleich seine Strafbarkeit als Täter begründenden Tatbestand verwirklicht. Ist das im Einzelfall nicht möglich,

weil bei dem Teilnehmer das gemeinschaftlich Ausgeführte nicht ausreicht, um in seiner Person alle Voraussetzungen der Täterschaft zu erfüllen, z. B. weil er selbst bei einer Unterschlagung die Sache nicht im Besitz oder Gewahrsam hatte, so ist bei ihm die Annahme der Mittäterschaft ausgeschlossen und nur Bestrafung wegen Beihilfe zu einer fremden Tat möglich. Der Zollhinterziehung kann sich nur schuldig machen, wer zur Entrichtung des Zolles dem Staate gegenüber verpflichtet ist; das ist die Person, die zu der Zeit, da der Zoll zu entrichten ist, Inhaber (natürlicher Besitzer) des zollpflichtigen Gegenstandes ist. Der Zoll ist aber, soweit es sich um Eingangsabgaben handelt, erst dann fällig, wenn der einzuführende Gegenstand die Zollgrenze oder die auf ausländischem Gebiete liegende Zollstätte erreicht hat. Die Tätigkeit der Angeklagten gehörte also noch nicht zum Tatbestand der Zollhinterziehung, sondern bereitete diese nur vor. Kam es infolge der an diese Tätigkeit sich anschließenden Handlungen der Besteller zu einer Zollhinterziehung, so konnte die Tätigkeit der Angeklagten nur als Beihilfe rechtlich gewürdigt werden, weil die die Täterschaft erfüllenden Voraussetzungen der Zollpflicht in ihrer Person in keinem Zeitpunkt gegeben waren. Da die Haupttat, der Absicht der Angeklagten entsprechend, im Inland verübt wurde, hatte auch ihre im Ausland geleistete Beihilfe als eine im Inland begangene strafbare Handlung zu gelten (I, 16. November 1928.) Amtl. Sammlg. S. 319—322.
Vgl. Bd. 11 S. 20; Bd. 19 S. 192; Bd. 46 S. 186; Bd. 59 S. 79; RGZ. Bd. 67 S. 218.

103. **Vorentscheidung des Reichsfinanzhofs. Verschulden in Steuersachen.** (RennWettG. §§ 5, 11, 12, 14; RAbgO. §§ 359, 367, 433). Durch Steuerbescheid des Finanzamts wurde eine Rennwettsteuer von zwei Reichsmark eingefordert. Es wurde Einspruch eingelegt mit der Begründung, daß es sich nur um gemeinsames Wetten, nicht um wilde Buchmachung gehandelt habe. Der Einspruch wurde verworfen, da das Entschuldigungsvorbringen nicht glaubwürdig sei. Die Berufung wurde zurückgewiesen mit der Ausführung, es sei, da es sich um einen Streitgegenstand von weniger als 50 Reichsmark handle, nach freiem Ermessen entschieden worden. Der Reichsfinanzhof bestätigte das Urteil ohne sachliche Prüfung.

Inzwischen war auch ein Strafverfahren wegen Hinterziehung von Rennwettsteuer eingeleitet worden. Das Berufungsgericht fand den Tatbestand nicht für gegeben, erachtete sich aber zur Freisprechung des Angeklagten nicht für befugt, weil der Reichsfinanzhof die Steuerpflicht des Angeklagten unabänderlich festgestellt habe. Die Revision des Angeklagten hatte Erfolg. Das Urteil des Reichsfinanzhofs stellte keine den Strafrichter bindende Vorentscheidung dar, da es nicht auf eine sachliche Prüfung gestützt war. Das Schöffengericht konnte eine neue Entscheidung des Reichsfinanzhofs einholen, die dann nicht durch Urteil, sondern durch Beschluß erging. Die Herbeiführung einer solchen Entscheidung war zulässig und geboten, wenn weiter noch zwei Voraussetzungen zutrafen: die Entscheidung mußte auch für steuerliche Zwecke Bedeutung haben und die Verurteilung des Angeklagten mußte von dem Bestehen und der Verkürzung des Steueranspruchs abhängen. Die erste Voraussetzung war gegeben, da die Entscheidung eine Berichtigung des Steuerbescheides dargestellt hätte. Die zweite Voraussetzung traf nicht zu, denn die Entscheidungsfreiheit des Berufungsgerichts war durch das Urteil des Reichsfinanzhofs nicht eingeschränkt, weder hinsichtlich des darin für erwiesen angenommenen Sachverhalts, noch hinsichtlich seiner richterlichen Beurteilung; nur hinsichtlich der steuerbehördlichen Entscheidung selbst (daß der Angeklagte zwei Reichsmark Rennwettsteuer schuldig war), durfte es nicht selbständig eine abweichende Entscheidung treffen. Das Berufungsgericht mußte davon ausgehen, daß der Strafrichter grundsätzlich bei der ihm obliegenden Rechtsfindung auch in der Beurteilung der dafür erheblichen außerstrafrechtlichen Rechtsverhältnisse frei ist, soweit nicht besondere Ausnahmen gesetzlich vorgeschrieben sind. Auch dann, wenn er an eine Vorentscheidung gebunden oder sie herbeizuführen befugt oder verpflichtet ist, hat er vorab zu prüfen, ob seine eigene Entscheidung davon abhängt. Zur Anrufung des Reichsfinanzhofs besteht namentlich dann keine Notwendigkeit, und auch keine Befugnis, wenn der ausschließlich der Beurteilung des Strafgerichts unterliegende innere Tatbestand nicht für gegeben erachtet wird und aus diesem Grunde eine Freisprechung geboten erscheint. Ein solcher Fall war hier gegeben. Wenn auch feststand, daß der Angeklagte die von ihm geschuldete Steuer nicht zahlte und auf diese Weise eine Steuerverkürzung bewirkte, so mußte doch noch untersucht werden, ob er vorsätzlich oder fahrlässig hiebei gehandelt hatte, ob er sich bewußt war, oder doch wenigstens irgendwie damit rechnen mußte, eine Tätigkeit entfaltet zu haben, auf Grund deren er die Steuer schuldete. Ein hiefür ausreichender Sachverhalt war im angefochtenen Urteil schon festgestellt. Das Reichsgericht erkannte deshalb auf Freisprechung. (II, 8. November 1928.)

Amtl. Sammlg. S. 322—329.

Vgl. Bd. 56 S. 394; Bd. 57 S. 1, 212; Bd. 59 S. 258; Bd. 60 S. 307; Bd. 61 S. 81, 186.

104. Steuerhinterziehung. Versuch. Pfändungspfandrecht. Stellvertretung. Irrtum. (BGB. § 164; StGB. § 59; RAbgO. §§ 334, 339; StPO. § 357.) Der Geschäftsführer einer Wirtschaft, die einer Frau gehörte, trat nach außen als deren Inhaber auf. Ein von ihm in der Wirtschaft angestellter Musiker war mit Steuern rückständig: das Finanzamt pfändete seine Lohnforderung und stellte den Beschluß dem Geschäftsführer als Drittschuldner zu mit der Aufforderung, zu erklären, ob er die Forderung als begründet anerkenne und zur Zahlung bereit sei. Er gab keine Erklärung ab, sondern zahlte dem Musiker seine Lohnforderungen auch weiterhin aus. Beide wurden wegen gemeinschaftlicher Steuerhinterziehung verurteilt. Das Reichsgericht hob auf die vom Geschäftsführer eingelegte Revision das Urteil gegen die beiden Angeklagten auf und verwies die Sache zurück. Die Feststellungen des Urteils ließen nicht erkennen, ob verdeckte oder offene Stellvertretung vorlag. Im Falle verdeckter Stellvertretung war der Geschäftsführer Vertragsgegner und Schuldner des Musikers; die Pfändung ging dann in Ordnung. Die Zahlungen, die er trotz der Pfändung an den Musiker leistete, hatten dem Finanzamt gegenüber keine schuldentilgende Wirkung und berührten dessen Einziehungsrecht nicht; ebenso bedeutungslos war für die Rechtslage, daß der Angeklagte der Aufforderung des Finanzamts nicht nachkam. Eine Steuerverkürzung war also nicht gegeben. Hatte der Angeklagte als offener Stellvertreter gehandelt, so kam nicht er, sondern die Eigentümerin der Wirtschaft als Drittschuldner in Betracht; mangels Zustellung des Pfändungsbeschlusses an sie kam eine wirksame Pfändung der Lohnforderung nicht zustande. Im Falle verdeckter Stellvertretung war aber zu prüfen, ob nicht ein Versuch der Steuerhinterziehung vorlag. Es kam nicht darauf an, ob er bestrebt war, den Musiker gegen die nachteiligen Folgen der Pfändung zu schützen; entscheidend war allein, ob er die Leistungen an den Musiker mit der Vorstellung und dem Willen vornahm, dadurch dem Finanzamt die nochmalige Einziehung der entsprechenden Beträge von ihm tatsächlich oder rechtlich unmöglich zu machen. Das konnte der Fall sein, wenn er der rechtsirrigen Auffassung war, die Pfändung verbiete ihm zwar, an den Musiker zu zahlen, entziehe aber der Zahlung nicht die schuldtilgende Wirkung gegenüber dem Finanzamt, so daß dieses dadurch um seine Befriedigung gebracht wurde. Dagegen würde der Vorsatz des Angeklagten zu verneinen sein, wenn er irrigerweise angenommen hätte, trotz der Pfändung mit schuldbefreiender Wirkung an den Musiker nicht bloß zahlen zu können, sondern auch zahlen zu müssen; denn hielt er sein Vorgehen rechtlich für erlaubt, so fehlte es an dem Bewußtsein der Rechtswidrigkeit. Auf die Frage, ob ein nach diesen Richtungen etwa mitwirkender Irrtum auf dem Gebiete des Schuld- und Vollstreckungsrechts von dem Angeklagten verschuldet war, kam es nicht an, da in solchen Fällen nur Steuergefährdung in Betracht kam, deren Versuch das Gesetz nicht mit Strafe bedroht. Da das Rechtsverhältnis gegen beide Angeklagte nur einheitlich festgestellt werden konnte, wurde das Urteil auch in der Richtung gegen den Musiker aufgehoben. (III, 19. November 1928.) Amtl. Sammlg. S. 329—333.

105. Raumwucher. Geschäftsräume. Angemessene Untermiete. (MSchG. § 49a; RMG. § 14.) Der Inhaber eines Damenmodegeschäfts hatte für die dafür benützten Räume monatlich 227,50 Reichsmark Miete zu zahlen. Für die Zeit vom 15. November 1926 bis zum 1. März 1927 vermietete er einen Teil der Räume an einen Drogisten, der dort vorübergehend einen Kristallwarenhandel betrieb und besonders das Weihnachtsgeschäft machen wollte; als Vergütung wurden 600 Reichsmark monatlich vereinbart und bezahlt. Er wurde vom Schöffengericht wegen vorsätzlichen, vom Landgericht wegen fahrlässigen Raumwuchers verurteilt; seine Revision wurde verworfen. Nach dem Reichsmietengesetz hat im Falle der Weitervermietung eines Mietraumes der dafür zu zahlende Mietpreis unter Berücksichtigung etwaiger Nebenleistungen in einem angemessenen Verhältnis zu dem auf den Raum entfallenden Teil des Hauptmietzinses zu stehen. Diese Bestimmung gilt zwar unmittelbar nur für die gesetzliche Untermiete; ihr liegt aber der für die Frage des Raumwuchers verwertbare Gedanke zugrunde, der bei der Berechnung der Untermiete von der Hauptmiete ausgeht, also zu ermitteln sucht, welcher Teil von dieser bei Berücksichtigung nicht nur der Fläche, sondern auch des Nutzungswertes der einzelnen Raumteile auf die Untermietsräume entfällt. Als unangemessen ist es namentlich anzusehen, wenn einerseits die Hauptmiete niedrig gehalten ist, für die Untermiete aber Vergütungen verlangt werden, welche den um den üblichen Unbequemlichkeits- und Verdienstzuschlag erhöhten Anteil an der Hauptmiete erheblich übersteigen. Besondere Umstände können die Zugrundelegung einer niedrigeren oder höheren Hauptmiete, als tatsächlich gezahlt wird, rechtfertigen; einer niedrigeren besonders dann, wenn die tatsächlich gezahlte Hauptmiete unangemessen und der Hauptmieter in der Lage ist, dagegen anzukämpfen, einer höheren besonders dann, wenn die Hauptmiete wegen persönlicher Beziehungen zwischen dem Vermieter und Mieter hinter dem für gewöhnliche Verhältnisse angemessenen Betrag zurückbleibt. Im gegebenen Fall war der Beurteilung eine Hauptmiete von monatlich 276,50 Reichsmark zugrunde gelegt worden. Ob das gerechtfertigt war, konnte dahingestellt bleiben, da der Angeklagte durch diese Annahme nicht beschwert war. Das Schöffengericht hatte unter Berücksichtigung des Unbequemlichkeits- und Verdienstzuschlags eine Untermiete von monatlich 221 Reichsmark, das Berufungsgericht eine solche von 400 Reichsmark für angemessen erachtet; hierbei war insbesondere die Vermittlung des Telephonverkehrs, der vom Untermieter erzielte Weihnachtsumsatz, die starke Verunreinigung der Räume, die starke Abnutzung des Bodens, die Beeinträchtigung des eigenen Geschäfts des Angeklagten berücksichtigt worden. Als solche Beeinträchtigung konnte nur der Gewinnentgang in Betracht kommen. Hiezu bemerkte das Reichsgericht: Mit jeder Untervermietung von Geschäftsräumen ist ein Verzicht auf eigene Nutzung und Gewinnziehung verbunden; dafür hat der Untermieter einen Teil des Mietzinses zu ersetzen. Die Untermiete enthält also schon eine Vergütung für den Gewinnentgang. Eine Sondervergütung hiefür ist nur insoferne berechtigt, als die aus der Untermiete sich ergebende Beeinträchtigung des Geschäftsgewinns den mit der Einschränkung der Raumnutzung wesentlich verbundenen Gewinnentgang übersteigt. Dem Umstand, daß das Mietverhältnis von vorneherein nur auf einige Monate berechnet wurde, konnte nach Lage des Falles eine Bedeutung für die Bemessung der Vergütung nicht beigelegt werden, zumal besondere Aufwendungen aus Anlaß der Untervermietung, deren Ersatz auf den kurzen Zeitraum zu verteilen gewesen wäre, nicht gemacht worden waren. (I, 30. November 1928.)

Amtl. Sammlg. S. 333—336.

Vgl. Bd. 61 S. 130; Bd. 62 S. 223, 228.

106. Verdrängungsschaden. Registrator. Beamter. (StGB. § 359; EntschO. § 14.) Nach dem Gesetz über die Festsetzung von Entschädigungen und Vergütungen für Schäden aus Anlaß des Krieges und des Friedensschlusses kann den Interessenvertretungen der Geschädigten eine Mitwirkung bei der Prüfung der Anträge, besonders die Vorprüfung, übertragen werden. Dementsprechend wurde der Deutsche Ostbund mit der Vorprüfung aller Anträge betraut. Ein bei einer Ortsgruppe des Bundes angestellter Registrator wurde wegen Bestechung angeklagt, vom Berufungsgericht aber mit der Begründung freigesprochen, daß er nicht Beamter gewesen sei. Das Reichsgericht verwies die Sache zurück. Die Feststellung der Verdrängungsschäden, auch die Vorprüfung der Anträge, ist eine amtliche Tätigkeit, da sie aus der Staatsgewalt abzuleiten ist und staatlichen Zwecken dient. Dem steht nicht entgegen, daß die Vorprüfer nicht durch das Reich, sondern durch die Interessenvertretungen angestellt werden; die Eigenschaft eines Angestellten als Beamter hängt nicht davon ab, daß die Anstellung unmittelbar durch die vorgesetzte Dienstbehörde erfolgt, vielmehr kann die Auswahl auch einer anderen Stelle überlassen werden. Auch die untergeordnete Art der Mitwirkung des Angeklagten bei der im Dienste des Reichs vorzunehmenden Vorprüfung stand der Annahme seiner Beamteneigenschaft nicht im Wege; es war ihm nach außen als Glied einer Einrichtung des Staates von der für zuständig erklärten und daher mit staatlicher Autorität versehenen Stelle eine aus der Staatsgewalt abzuleitende Verrichtung öffentlich-rechtlicher Natur übertragen, die der Verwirklichung staatlicher Zwecke diente, mithin das Wesen einer öffentlichen Amtstätigkeit aufwies. (II, 10. November 1928.)

Amtl. Sammlg. S. 337—339.

Vgl. Bd. 7 S. 210; Bd. 29 S. 184; Bd. 30 S. 29; Bd. 38 S. 235; Bd. 51 S. 398; Bd. 54 S. 202; Bd. 58 S. 79; Bd. 60 S. 139.

107. Kuppelei. Bordellartiger Betrieb. (StGB. § 180.) Eine Frau, die früher in ihrem Haus einen Bordellbetrieb hatte, behielt nach dem 1. Oktober 1927 einige der bei ihr wohnenden Dirnen als Mieterinnen bei sich, gestattete den Betrieb der Unzucht in ihrer Wohnung und verlangte als Entgelt eine die angemessene Wohnungsmiete um das doppelte übersteigende Vergütung. Das Landgericht verneinte das Vorliegen eines bordellartigen Betriebs mit der Begründung, es sei nicht nachzuweisen, daß die Mädchen in irgend einem Abhängigkeitsverhältnis zu der Angeklagten standen. Diese Auffassung war zu eng; ein bordellartiger Betrieb ist auch ohne ein solches Abhängigkeitsverhältnis denkbar. Wesentlich hiefür ist nur, daß der Wohnungsinhaber in einer nach außen erkennbaren Weise den mehreren sich bei ihm zum Zwecke der Unzucht an Ort und Stelle bereithaltenden Personen nicht nur vorübergehend und gelegentlich, sondern für eine gewisse Zeitdauer regelmäßig in irgend einer Form zur Förderung der Unzucht behilflich und entweder an den Erträgnissen irgendwie beteiligt ist oder ohne eine solche Beteiligung gewohnheitsmäßig handelt. Eine Ausbeutung, ein bewußtes Ausnutzen der Dirnen als Erwerbsquelle ist nicht erforderlich. (III, 22. November 1928.) Amtl. Sammlg. S. 339—341.

108. Kuppelei. Bordell. Bordellartiger Betrieb. Mietwucher. Ausbeutung. Rechtlicher Zusammenfluß. Irrtum. (StGB. §§ 59, 73, 74, 180; MSchG. § 49a; StPO. § 264.) Eine Frau vermietete mehrere Zimmer ihrer Wohnung an Mädchen, die gewerbsmäßig Unzucht trieben; sie verlangte eine durchschnittliche Tagesmiete von 8 Reichsmark für das Zimmer. Das Schöffengericht sprach sie von der Anklage der Kuppelei frei. Das Reichsgericht verwies die Sache zurück. Durch das Gesetz zur Bekämpfung der Geschlechtskrankheiten ist die Kuppelei neu geregelt worden. Hierbei wurde davon ausgegangen, daß die Gewerbsunzucht, besonders in den Großstädten, nicht beseitigt werden könne und daß darum den Dirnen die Möglichkeit gegeben werden müsse, eine Wohnung zu haben und in dieser ihr Gewerbe auszuüben, da sonst die Unzucht auf die Straße und in die Familien gedrängt würde. Demgemäß ist, wer einer Person über 18 Jahren Wohnung zur Ausübung der Unzucht gewährt, nur dann wegen Kuppelei zu bestrafen, wenn damit ein Ausbeuten der Person, der die Wohnung gewährt ist, oder ein Anwerben oder Anhalten dieser Person zur Unzucht verbunden ist; immer aber gilt als Kuppelei die Unterhaltung eines Bordells oder bordellartigen Betriebs. Bordellhalter sind solche Personen, die aus dem Halten von Mädchen zu dem Zweck, sie zur Ausübung der Unzucht gegen Lohn zu benutzen, ein Erwerbsgeschäft machen. Ein wesentliches Merkmal für den Betrieb des Bordells ist die wirtschaftliche Abhängigkeit der Mädchen von dem Bordellinhaber. Eine solche Abhängigkeit war im gegebenen Fall nicht nachgewiesen. Ein bordellartiger Betrieb ist ohne ein wirtschaftliches Abhängigkeitsverhältnis denkbar; wesentlich hiefür ist nur, daß der Wohnungsinhaber in äußerlich erkennbarer Weise den bei ihm zum Zwecke der Unzucht an Ort und Stelle sich bereithaltenden Personen nicht nur vorübergehend und gelegentlich, sondern für eine gewisse Zeitdauer regelmäßig in irgendeiner Form zur Förderung des Unzuchttreibens behilflich und entweder selbst an den aus der Unzucht erzielten Erträgnissen beteiligt ist oder ohne solche Beteiligung gewohnheitsmäßig handelt. Daß gleichzeitig mehreren Dirnen in demselben Hause oder in derselben Wohnung zum Zwecke der Ausübung der Unzucht Wohnung gewährt wird, genügt noch nicht zur Erfüllung des Begriffs der Unterhaltung eines bordellartigen Betriebs; da das Wort „Unterhalten" ein tätiges Handeln bedingt, muß eine über die mit einer Zimmervermietung regelmäßig verbundenen Leistungen hinausgehende Förderung des Unzuchtbetriebs vorliegen. Diese Voraussetzung kann schon dann als erfüllt angesehen werden, wenn ein Vermieter die Räume, in denen er früher ein Bordell unterhielt, an Dirnen vermietet und so den früheren Zustand weiter ausnützt. Ob das für die Angeklagte zutraf, war nicht festgestellt. Das Urteil mußte aber schon deshalb aufgehoben werden, weil das Merkmal der Ausbeutung mit unzulänglicher Begründung verneint worden war. Ausbeutung ist die bewußte Ausnutzung, der bewußte Mißbrauch einer Person oder Sache oder eines Verhältnisses zu Erwerbszwecken des Täters. Ein solches Ausbeuten liegt insbesondere dann vor, wenn von der Dirne ein übermäßig hoher Mietzins verlangt wird, der nicht ausschließlich als Entgelt für die Überlassung der Wohnung, sondern zugleich als besondere Belohnung für die Zulassung des Unzuchtbetriebs erscheint. Die Angeklagte hatte sich damit verteidigt, daß sie selbst eine Jahresmiete von 4800 Reichsmark zu zahlen hatte. Hievon war bei der Prüfung der Untermieten nicht auszugehen, vielmehr war zu prüfen, ob dieser Mietzins bei der Berücksichtigung der Lage, Größe und Beschaffenheit der Wohnung angemessen war; hierbei konnte auch der Umstand von Bedeutung sein, daß der Eigentümer des Hauses, der selbst nicht dort wohnte, von den mit dem Vermieten an Dirnen verbundenen und an sich einen Zuschlag zur sonst üblichen Miete rechtfertigenden Unzuträglichkeiten selbst nicht unmittelbar berührt wurde. Es hätte also klargestellt werden müssen, ob die Angeklagte eine Herabsetzung der Hauptmiete herbeiführen konnte. Von dem hiernach sich ergebenden Betrag war bei der Berechnung der Untermiete auszugehen. Hierbei waren solche Räume auszuscheiden, die ausschließlich von der Angeklagten benutzt wurden oder leer standen; Räume, die gemeinschaftlich benutzt wurden, waren nur anteilhaft zu berechnen. Neben der reinen Raummiete kamen die Vergütungen für besondere Leistungen (Überlassung der Einrichtungsgegenstände, Beleuchtung, Heizung, Bedienung, Wäsche, Teilnahme an allen Aufwendungen für das ganze Haus) in Betracht; auch hier war eine angemessene Verteilung geboten, soweit die Angeklagte selbst von den Aufwendungen Vorteil hatte. Das Schöffengericht hatte der Angeklagten 25% der Betriebsunkosten als Unternehmergewinn zugebilligt. Das erklärte das Reichsgericht für gänzlich unzulässig. Allerdings darf durch Vermietung an Dirnen, wie durch jede Vermietung, ein Gewerbe betrieben werden, auf das die sonstigen Grundsätze des Gewerbebetriebs zur Anwendung kommen; doch darf für die Zulassung des Unzuchtsbetriebs kein besonderer Unternehmerlohn gefordert werden. Zulässig war es dagegen, für die mit der Vermietung an Dirnen verbundenen Unannehmlichkeiten eine angemessene Vergütung zu verlangen. Solche Unannehmlichkeiten können begründet sein in der durch diese Vermietung herbeigeführten Entwertung des anderen Wohnraumes, in der Schädigung des Rufes des Vermieters, in der Unzuverlässigkeit der Dirnen und ihrer Neigung zu Ausschreitungen und strafbaren Handlungen, endlich in dem Verkehr zahlreicher fremder, häufig angetrunkener Männer in der Wohnung und der dadurch herbeigeführten Unsicherheit. Eine zahlenmäßig scharfe obere Grenze für die Höhe solcher Vergütungen läßt sich nicht ziehen; sie hat sich nach den jeweiligen örtlichen Verhältnissen und nach den besonderen Umständen des Einzelfalles zu richten. Jedenfalls darf die Grenze nicht so hoch sein, daß unter dem Schein der Rechtmäßigkeit und Angemessenheit doch ein Ausbeuten stattfinden würde; anderseits darf sie aber auch nicht so niedrig gezogen werden, daß jede Geneigtheit zum Vermieten an Dirnen schwinden und die Absicht des Gesetzes, auch solchen Personen Wohnung zu sichern, vereitelt werden würde. Die Zubilligung eines Gefahrensatzes für die mit der Vermietung an Dirnen fast regelmäßig verbundenen Verluste ist an sich angemessen; es kann sich dabei aber nur um durchschnittliche Sätze handeln, die allgemein oder für den einzelnen Vermieter auf Grund der aus längeren Zeiträumen gewonnenen Erfahrung zu berechnen sind. Notwendige Mietnachlässe, Entschädigungen für das unverschuldete Leerstehen von Räumen, das mit der Vermietung an Dirnen in Zusammenhang steht, durchschnittlich erwachsende Prozeßkosten können hierbei in Betracht kommen. Das Schöffengericht hatte die Freisprechung auch damit begründet, daß die Angeklagte sich in keinem Fall bewußt gewesen sei, ihre Untermieterinnen auszubeuten. Das Reichsgericht bemerkte hierzu, daß es ausreiche, wenn die Angeklagte die Tatsachen kannte, aus denen die rechtliche Folgerung der Ausbeutung der Untermieterinnen abzuleiten war; ein Irrtum über die Unangemessenheit der Mietpreise sowie über die darin liegende Ausbeutung war nur als unbeachtlicher Strafrechtsirrtum anzusehen. Zu durchgreifenden rechtlichen Bedenken gab endlich noch Anlaß, daß das Schöffengericht die Prüfung der Frage ob Raumwucher vorliege, mit der Begründung abgelehnt hatte, daß Anklage nur wegen Kuppelei erhoben sei. Da eine Ausbeutung gerade in dem Fordern eines unangemessenen Mietpreises liegen kann, ist Tateinheit zwischen Kuppelei und Raumwucher rechtlich möglich; das Schöffengericht hätte den Tatbestand auch nach dieser Richtung würdigen müssen. (I, 14. Dezember 1928.)

Amtl. Sammlg. S. 341—351.

Vgl. Bd. 1 S. 88; Bd. 26 S. 40; Bd. 45 S. 97; Bd. 53 S. 285; Bd. 57 S. 58; Bd. 62 S. 333, 339; RGZ. Bd. 38 S. 379; Bd. 60 S. 9; Bd. 86 S. 296.

109. **Paßfälschung. Legitimationspapier.** (StGB. § 363.) Ein Pole, der nach Amerika auswandern wollte, die Erlaubnis hiezu aber wegen der geringen, längst belegten polnischen Auswandererquote nicht erhielt, ließ sich einen falschen Personalausweis herstellen, wonach er als Deutscher erschien. Die Einwanderungsbehörde der Vereinigten Staaten erkannte die Fälschung und wies ihn zurück. Die Herstellung des Ausweises wurde als versuchte schwere Urkundenfälschung beurteilt. Die Revision des Angeklagten, der die Tat als Fälschung von Legitimationspapieren betrachtet sehen wollte, hatte keinen Erfolg. Die mildere Strafe wegen Fälschung von Pässen und anderen Legitimationspapieren setzt positiv die unbestimmte, allgemeine Absicht des Täters voraus, mit Hilfe des gefälschten Papieres irgendwelche günstigeren Aussichten für das Fortkommen zu erlangen; negativ ist erforderlich, daß durch die Handlung nicht in bestimmte Gerechtsame, sei es privater, sei es öffentlicher Natur, eingegriffen wird. Die Anwendbarkeit dieser Vorschrift ist deshalb ausgeschlossen, wenn sich die Tat gegen ein bestimmtes fremdes Recht, insbesondere gegen das öffentliche Recht eines Staates richtet und ein besonderes, eigenes Recht des Handelnden zur Geltung bringen will. Das bestimmte fremde Recht kann auch ein solches eines auswärtigen Staates sein. Im gegebenen Fall sollte das Recht der Vereinigten Staaten von Amerika auf Beschränkung der Einwanderungsquote beeinträchtigt werden; das genügte, um das angefochtene Urteil zu tragen. Als irrig wurde nur die Auffassung des Berufungsgerichts zurückgewiesen, daß schon das Erstreben eines Vermögensvor-

teils die Anwendung der milderen Vorschrift ausschließe. (II, 23. November 1928.) Amtl. Sammlg. S. 351—353. Vgl. Bd. 8 S. 41; Bd. 26 S. 85; Bd. 58 S. 75; Bd. 60 S. 162, 377.

110. Ausfuhr von Kunstwerken. Verkaufskommissionär. Irrtum. (VO. vom 11. Dezember 1919 über die Ausfuhr von Kunstwerken; IrrtVO. vom 18. Januar 1917; HGB. §§ 383, 390.) Ein Wandteppich, der in das Verzeichnis der für den nationalen Kunstbesitz wertvollen Kunstwerke eingetragen war, wurde einem Kunsthändler zum kommissionsweisen Verkauf übergeben. Er machte davon dem Reichsministerium des Innern keine Mitteilung. Das Berufungsgericht sprach ihn von der Anklage einer Verfehlung gegen die Verordnung über die Ausfuhr von Kunstwerken frei. Das Reichsgericht bestätigte das Urteil, ohne dessen Begründung zu billigen. Wenn eingetragene Kunstwerke veräußert oder an einen anderen Aufbewahrungsort verbracht werden, hat der alte und der neue Besitzer Anzeige zu erstatten. Das Berufungsgericht hatte angenommen, daß als neuer Besitzer nur ein solcher Besitzer in Betracht komme, dessen Besitz auf die Dauer berechnet sei, nicht aber ein Händler, dem die Ware nur zum kommissionsweisen Verkauf übergeben werde. Diese Auslegung wurde vom Reichsgericht nicht als richtig anerkannt. Die Vorschrift hat den Zweck, dem Reichsminister des Innern dauernd eine Übersicht über den Verbleib der Kunstwerke und über die Personen, die über sie zu verfügen berechtigt und tatsächlich in der Lage sind, zu gewähren. Sie gebietet keineswegs, alle zeitlich vorübergehenden oder räumlich nebensächlichen Ortsveränderungen zur Anzeige zu bringen; wohl aber liegt ein Verbringen in einen anderen Aufbewahrungsort vor, wenn mit der räumlichen Ortsveränderung ein Wechsel in der Person dessen eintritt, dem die Obhut über das Kunstwerk zusteht. Diese Voraussetzung ist bei der Übergabe eines Kunstwerks an einen Kommissionär erfüllt. Eine Ausnahme mag bestehen für solche Fälle, in denen dem Händler das Kunstwerk nur dann, wenn er einen Kaufliebhaber ausfindig gemacht hat und nur zum Zwecke der Vorzeigung an diesen mit der Verpflichtung alsbaldiger Rückgabe, falls der Verkauf nicht erfolgt, übergeben wird. Im vorliegenden Fall hatte aber der Angeklagte das Bild ohne

solche Einschränkung ausgehändigt erhalten. Ein Kommissionär ist Besitzer der Ware auch dann, wenn der Übergeber den mittelbaren Besitz behält; der Angeklagte war also zur Anzeige verpflichtet. Die Freisprechung wurde aus dem Gesichtspunkt des Irrtums bestätigt. Die Verordnung war als wirtschaftliche Maßnahme anzusehen und demzufolge finden auf Zuwiderhandlungen gegen sie die Vorschriften der Irrtumsverordnung vom 18. Januar 1917 Anwendung. Das Berufungsgericht hatte das Vorliegen eines entschuldbaren Rechtsirrtums festgestellt. (II, 22. Oktober 1928.) Amtl. Sammlg. S. 353—357.
Vgl. Bd. 22 S. 435.

111. Genossenschaft. Bilanz. Stille Reserve. Falsche Darstellung. Untreue. (GenG. §§ 17, 146, 147; HGB. §§ 39, 40.) Ein Vorstandsmitglied einer Genossenschaft, dem die Fertigung der Bilanzen oblag, ließ bei der Aufstellung der Goldmarkbilanz einen Teil der Warenbestände unberücksichtigt; die aus dem Verkauf dieses Bestandes erzielten Summen setzte er in die Jahresbilanz des Jahres 1924 ein. Seine Verurteilung wegen unrichtiger Bilanzaufstellung wurde bestätigt. Auch bei der Aufstellung der Goldmarkbilanz durften stille Reserven gebildet werden, aber nur unter der Voraussetzung, daß eine auf gewissenhafter kaufmännischer Abwägung aller Verhältnisse beruhende Unterbewertung von Vermögensstücken vorgenommen wurde; das völlige Verschweigen von Vermögensstücken ist nicht zulässig. Das Berufungsgericht hatte weiter angenommen, daß der Angeklagte die stillen Reserven nicht ohne Aufklärung des Aufsichtsrates zum Ausgleich in einer späteren Bilanz heranziehen durfte. Ob eine unbedingte Verpflichtung hiezu bestand, erklärte das Reichsgericht für zweifelhaft; im vorliegenden Fall wurde aber, indem der Erlös aus dem Verkauf der in der Eröffnungsbilanz verschwiegenen Bestände als Einnahme aus dem laufenden Geschäftsbetrieb gebucht wurde, ein unrichtiges Bild über die Geschäftslage und Entwicklung der Gesellschaft gegeben und bei dieser Sachlage war der Angeklagte zu einer Aufklärung gegenüber dem Aufsichtsrat und der Gesellschaft verpflichtet. Ohne diese Aufklärung enthielt die Jahresbilanz eine unwahre Darstellung des Standes der Genossenschaft, indem sie den Eindruck hervorrief, als habe das Vermögen der Genossenschaft durch den laufenden Geschäftsbetrieb eine Vermehrung erfahren, während tatsächlich ein Verlust eingetreten war. Der Angeklagte hatte weiter aus der Kasse der Genossenschaft einen Betrag als Gehalt entnommen, ohne daß die Höhe des Gehalts durch den hiefür nach der Satzung allein zuständigen Aufsichtsrat festgesetzt war. Das Berufungsgericht hatte festgestellt, daß dieser Betrag erheblich über die Vergütung hinausging, die der Angeklagte nach Maßgabe der bestehenden Verträge beanspruchen konnte und die demgemäß der Aufsichtsrat hätte bewilligen müssen. Da der Angeklagte die ungünstige Vermögenslage der Genossenschaft kannte, erfüllte sein Verhalten den Tatbestand der Untreue. (II, 19. November 1928.)

Amtl. Sammlg. S. 357—362.

Vgl. Bd. 61 S. 275; RGZ. Bd. 115 S. 378; Bd. 116 S. 119, 128, 133.

112. **Grunderwerbsteuer. Hinterziehung. Versuch. Rücktritt.** (StGB. § 46; RAbgO. §§ 355, 359, 360, 374; GrErwStG. §§ 3, 24.) Zum Zwecke der Hinterziehung von Grunderwerbsteuer wurde bei der notariellen Beurkundung eines Grundstückskaufes der Kaufpreis zu niedrig angegeben. Gegen die Verurteilung wegen versuchter Steuerhinterziehung wendete der Angeklagte ein, daß es immer noch in seinem Ermessen stünde, die Auflassung abzulehnen und dadurch die Entstehung der Steuerpflicht zu verhindern. Die Revision hatte keinen Erfolg. Schon bei der Herbeiführung der Beurkundung eines zu niedrigen Kaufpreises handelte der Angeklagte mit dem Bewußtsein und sogar in der (für den Tatbestand der Hinterziehung nicht erforderlichen) Absicht, durch Irreführung der Steuerbehörde zu seinem Vorteil auf eine zu niedrige endgültige Festsetzung der Steuer hinzuwirken; hierin lag ein Anfang der Ausführung, also ein Versuch der unternommenen Grunderwerbsteuerhinterziehung. Der Umstand, daß für die Hinterziehung der Steuer noch weitere Ausführungshandlungen erforderlich gewesen wären, schloß nur die Annahme eines beendeten Versuchs aus, machte aber die schon betätigte Ausführung des Hinterziehungsvorsatzes nicht zu einer bloß vorbereitenden Handlung. Es konnte sich nur fragen, ob der Angeklagte nicht wegen Rücktritts vom Versuch straffrei geworden war. Der § 374 RAbgO. geht als steuerrechtliche Vorschrift dem § 46

StGB. vor und geht in der Erleichterung des Rücktritts auch über diese Vorschrift hinaus; insbesondere bleibt für die Anwendung des § 374 selbst dann noch Raum, wenn der Täter die Tat nicht freiwillig, sondern wegen erkannter oder vermeintlicher Unausführbarkeit aufgegeben hat und ohne durch eine unmittelbare Entdeckungsgefahr dazu veranlaßt zu sein die zur Erlangung von Straffreiheit erforderlichen Schritte tut. Im vorliegenden Fall kam das aber schon deshalb nicht in Frage, weil der Angeklagte solche Schritte vor der Einleitung der Untersuchung nicht getan hatte. Auch die Anwendbarkeit des § 46 StGB. war mit Recht verneint worden. Das Steueramt hatte dem Angeklagten eröffnet, daß der beurkundete Kaufpreis erheblich hinter dem Werte des Grundstücks zurückbleibe und hatte ihm zugleich auferlegt, die Versicherung über die Vollständigkeit und Richtigkeit der im Vertrag enthaltenen Angaben eidesstattlich zu bekräftigen. Das Berufungsgericht hatte hieraus gefolgert, daß der Angeklagte die Gefahr einer Verfolgung kannte und nur hiewegen von weiteren Schritten absah. Darin konnte unbedenklich ein von seinem Willen unabhängiger Umstand erblickt werden, der die Freiwilligkeit des Rücktritts ausschloß. (II, 22. November 1928.) Amtl. Sammlg. S. 362—365. Vgl. Bd. 56 S. 316, 385; Bd. 57 S. 313; Bd. 58 S. 54; Bd. 59 S. 115; Bd. 60 S. 6, 182.

113. Große Strafkammer. Vorsitz. (GVG. §§ 62, 64, 66.) Durch einen Präsidialbeschluß wurde bestimmt, daß den Vorsitz einer großen Strafkammer ein Landgerichtsdirektor abwechselnd mit einem Landgerichtsrat zu führen habe; durch einen späteren Beschluß wurde das dahin richtiggestellt, daß der Landgerichtsdirektor auch den Vorsitz in einem Schöffengericht zu führen habe und an den Tagen, an denen Sitzungen des Schöffengerichts stattfanden, am Vorsitz in der großen Strafkammer verhindert sei und durch den dienstältesten Beisitzer vertreten werde. Durch diesen Beschluß wurde nur wiederholt, was das Gesetz ohnehin schon bestimmte. Daß der Direktor zum ordentlichen Vorsitzenden der großen Strafkammer bestellt wurde, obwohl sicher war, daß er den Vorsitz nicht in allen Sitzungen führen konnte, verstieß nicht gegen das Gesetz; unzulässig ist es nur, die Vorschrift, wonach ordentlicher Vorsitzender einer Kammer nur der Präsident oder ein Direktor des Landgerichts sein kann, dadurch zu umgehen, daß der Vorsitz in einer Kammer einem Vorsitzenden zuteil wird, von dem von vorneherein feststeht, daß er während des ganzen Geschäftsjahres überhaupt nicht oder doch nicht in irgendwie erheblichem Maße zur Erfüllung der Obliegenheiten eines Vorsitzenden in der Lage sein wird. Es steht auch nichts im Wege, schon bei Beginn des Geschäftsjahres im voraus zu bestimmen, in welchen Sitzungen der ordentliche Vorsitzende selbst den Vorsitz zu führen habe und in welchen er regelmäßig als verhindert zu erachten ist. (II, 22. November 1928.)

Amtl. Sammlg. S. 366—369.

Vgl. Bd. 1 S. 238; Bd. 25 S. 389; Bd. 54 S. 298; Bd. 55 S. 201, 236; Bd. 56 S. 157; Bd. 61 S. 40; RGZ. Bd. 115 S. 157; Bd. 119 S. 280.

114. Unerlaubtes Inverkehrbringen von Rauschgiften. Arzt. Apotheker. Heilmittel. Mittelbare Täterschaft. Inverkehrbringen. (OpiumG. § 8.) Ein Arzt stellte einer großen Zahl von Personen Rezepte zum Bezug von Kokain aus, auf grund deren diesen das Kokain in Apotheken gutgläubig verabreicht wurde. Es handelte sich meist um Personen, die schon längere Zeit an das Schnupfen von Kokain gewöhnt waren; einige von ihnen hatten ein mit Schmerzen verbundenes Leiden, das sie auf diese Weise zu lindern suchten. Eine planmäßige Entwöhnung hatte in keinem Falle stattgefunden. Schmerz- oder Enthaltungsstörungen von solcher Stärke, daß die Verordnung von Kokain als Heilmittel nach den Regeln der ärztlichen Wissenschaft in Betracht kommen konnte, waren nicht vorgekommen. Der Arzt wurde wegen Verfehlung gegen das Opiumgesetz verurteilt auf Grund der Feststellung, daß er vermittels seiner ärztlichen Anweisung durch die Apotheker als gutgläubiges Werkzeug Kokain nicht als Heilmittel, sondern zu anderen Zwecken in den Verkehr gebracht habe. Seine Rechtsmittel blieben erfolglos. Das Internationale Opiumabkommen vom 23. Januar 1912, auf Grund dessen das Opiumgesetz erlassen worden ist, bezweckt die allmähliche Unterdrückung des Mißbrauchs von Opium, Morphium und Kokain sowie solcher Zubereitungen und Abkömmlinge dieser Stoffe, die zu ähnlichen Mißbräuchen Anlaß geben können. Die Gründe, die zu dem Abkommen geführt haben, lassen keinen Zweifel darüber aufkommen, daß unter dem Mißbrauch, der unterdrückt werden soll, ein Gebrauch zu verstehen ist, der, ohne durch die Regeln der ärztlichen Wissenschaft gerechtfertigt zu sein, zur Entstehung von Rauschgiftsuchten führt und diese unterhält. Den Gegensatz dazu bildet der medizinische Gebrauch, sowie ein etwaiger sonstiger, jenen Mißbrauch nicht fördernder und darum vom Gesetzgeber nicht ausgeschlossener Gebrauch, etwa ein solcher zu wissenschaftlichen Versuchen. Das Abkommen trat erst mit dem Versailler Friedensvertrag in Kraft. Schon vorher waren aber besondere Vorschriften über den Handel mit Arzneimitteln, insbesondere aber auch über den Handel mit Opium und anderen Betäubungsmitteln ergangen (Verordnungen vom 22. März 1917, 15. Dezember 1918, 20. August 1919). Als sodann das Opiumgesetz vom 30. Dezember 1920 erlassen wurde, ging der Gesetzgeber keineswegs in der Weise vor, daß er lediglich Maßnahmen für den Großverkehr traf, wie sie das Abkommen vorsah, und es hinsichtlich des Kleinverkehrs bei den bestehenden Vorschriften verließ, vielmehr regelte er auch den Kleinverkehr entsprechend dem Zweck des Abkommens. Demgemäß ist für den Erwerb und die Abgabe von solchen Stoffen immer eine Erlaubnis notwendig. Eine Ausnahme sieht § 2 Abs. 4 OG. vor. Hiernach ist der Erwerb, die Herstellung und die Verarbeitung und die Abgabe der Stoffe als Heilmittel in Apotheken ohne Erlaubnis zulässig. § 2 Abs. 5 OG. ermächtigt aber die Reichsregierung, einschränkende Bestimmungen hierüber zu erlassen; auf Grund dieser Vorschriften wurde der Rezeptzwang auch für die Abgabe als Heilmittel eingeführt. Damit ist aber nicht gesagt, daß die Abgabe und der Erwerb auf Grund ärztlicher Verordnung stets eine Abgabe und ein Erwerb als Heilmittel ist. Das ärztliche Rezept begründet lediglich eine tatsächliche Vermutung dafür, daß der Stoff als Heilmittel verordnet ist. Als Heilmittel sind Mittel zur Beseitigung oder Linderung von Krankheiten bei Menschen und Tieren anzusehen. Wann diese Merkmale vorliegen, ist den Regeln der ärztlichen Wissenschaft zu entnehmen. Selbstverständlich ist hierbei, daß nur die allgemeinen oder doch weitaus überwiegend anerkannten Regeln der ärztlichen Wissenschaft maßgebend sein können, nicht die hievon abweichende wissenschaftliche Überzeugung einzelner Ärzte, daß ferner im Falle eines offensichtlichen Widerstreits zwischen den Regeln der ärztlichen Wissenschaft und dem erkennbaren Willen des Gesetzes bis auf weiteres das Gesetz maßgebend bleibt. Für die Anwendung der Stoffe des Opiumgesetzes muß unterschieden werden zwischen Krankheiten, die nicht unter dem Einfluß von Rauschgiften entstanden sind, aber die Anwendung von Rauschgiften ärztlich geboten erscheinen lassen, und den gleichfalls als Krankheiten anzusprechenden Rauschgiftsuchten selbst. Bei Krankheiten der ersten Art kommt die Anwendung von Rauschgiften in Betracht zum Zwecke der örtlichen Unempfindlichmachung, insbesondere zur Ermöglichung einer Operation, sowie zur Beseitigung oder Linderung von schwersten Schmerzen, die als Folgeerscheinungen von Krankheiten auftreten und durch andere Mittel nicht beseitigt werden können. Voraussetzung ist hierbei, daß der in der Schmerzstillung für den Kranken gelegene Vorteil in einem entsprechenden Verhältnis steht zu dem Schaden, der dem Kranken aus der Anwendung des Mittels droht. Ein schmerzstillendes Mittel kann nicht mehr als Heilmittel erachtet werden, wenn die dadurch hervorgerufene Schädigung des Kranken so schwer ist, daß sie die Bedeutung der Schmerzstillung überwiegt. Dieser Gedanke gilt auch für die Fortgewährung des Rauschgiftes bei Rauschgiftsucht. Da die Rauschgiftsucht selbst eine Krankheit ist, hat der Arzt die Pflicht, sie durch ein sachgemäß durchgeführtes Entziehungs- und Entwöhnungsverfahren zu beseitigen; soweit zur Linderung von Enthaltungsstörungen eine vorübergehende Verabreichung von Rauschgift nach den Regeln der ärztlichen Wissenschaft geboten erscheint, kann das Rauschgift in ähnlicher Weise als Heilmittel betrachtet werden, wie bei der Anwendung zur Schmerzstillung. Das trifft aber nicht zu, wenn der Kranke ohne Durchführung eines Heilverfahrens lediglich aus seiner an sich heilbaren Krankheit heraus zur Wiederherstellung seines körperlichen und seelischen Gleichgewichts aus einem durch unbefriedigte Sucht hervorgerufenen Verstimmungszustand das Gift weiter genießt. In der Entscheidung des Reichsgerichts vom 5. Oktober 1926 wurde eine allmählich abnehmende Verabreichung von Kokain zur Vermeidung der bei plötzlicher Entziehung auftretenden üblichen Erscheinungen zugelassen; wenn nach dem jetzigen Stand der ärztlichen Wissenschaft Kokain ohne Gefährdung des Lebens und der Gesundheit stets sofort entzogen werden kann, und die allmählich abnehmende Verabreichung als Kunstfehler zu erachten ist, kann in dieser auch keine Anwendung als Heilmittel mehr gefunden werden. Die Bedingung des Herstellens, Verarbeitens, Abgebens und Erwerbens von Rauschgift als Heilmittel ist erfüllt, wenn einerseits der Stoff geeignet ist, als Heilmittel verwendet zu werden, anderseits der Hersteller oder Verarbeiter die ernstliche Absicht hat, der Abgeber und Erwerber aber mit dem Vertragsgegner ein ausdrückliches oder stillschweigendes ernstliches Abkommen dahin trifft, daß der Stoff der Verwendung als Heilmittel zugeführt würde; es genügt keineswegs, daß Abgabe und Erwerbung unter der Bezeichnung als Heilmittel geschieht. Der Erlaubniszwang findet seine Stütze in dem unter Strafschutz gestellten Verbot, die einer Erlaubnis bedürfenden Tätigkeiten ohne solche Erlaubnis vorzunehmen. Hiezu kommt noch das Verbot des sonstigen Inverkehrbringens. Dieser Begriff ist aus dem Zweck des Gesetzes heraus zu bestimmen. Da das Opiumgesetz im Interesse des Gesundheitsschutzes verhüten will, daß die in ihm genannten Stoffe zu anderen, als zu Heilzwecken oder zu wissenschaftlichen oder sonstigen im öffentlichen Interesse gelegenen Zwecken an den Verbraucher gelangen, ist eine diesem Zweck entsprechende weitere Auslegung geboten. Der Begriff umfaßt hiernach jedes, gleichviel wie geartetes, Eröffnen der Möglichkeit, daß ein anderer die tatsächliche Verfügung über den Gegenstand erlange und ihn nach eigener Entschließung verwende, also jede Verursachung eines Wechsels der Verfügungsgewalt, die weder durch eine behördliche Erlaubnis gedeckt wird, noch ohne Erlaubnis zulässig ist. Gegen das Verbot des sonstigen Inverkehrbringens verstößt auch der Arzt, der die Stoffe im Wege der mittelbaren Täterschaft mittels seiner ärztlichen Anweisung durch den Apotheker als schuldloses oder schuldhaftes Werkzeug zu anderen, als zu Heilzwecken in den Verkehr bringt. Mittelbarer Täter ist, wer vorsätzlich veranlaßt, daß eine Straftat durch einen anderen zur Ausführung gelangt, der diese Tat nicht selbst vorsätzlich begeht oder nicht zurechnungsfähig ist. Als Werkzeug kommt keineswegs nur eine willenlose oder zum Täter in irgendeinem Abhängigkeitsverhältnis stehende oder einem Kontrahierungszwang unterworfene Person in

Betracht; es genügt, daß die Mittelsperson an der Verwirklichung eines strafbaren Tatbestands mitwirkt, ohne daß sie selbst als vorsätzlicher Täter in Betracht kommt. Das trifft besonders dann zu, wenn die Mittelsperson sich in einem, den Vorsatz ausschließenden Irrtum befindet, der vom mittelbaren Täter ausgenützt wird, außerdem auch dann, wenn die Mittelsperson zwar bösgläubig ist, aber ohne eigenen Tätervorsatz, nur mit Gehilfenvorsatz handelt. Im vorliegenden Fall war ausdrücklich festgestellt, daß die Apotheker gutgläubig waren; der Annahme der mittelbaren Täterschaft stand also nichts im Weg. In der unmittelbaren ärztlichen Anweisung von Rauschgiften bei Kranken ist ein Inverkehrbringen nicht zu erblicken, weil das Rauschgift dem Kranken nicht zu eigener Verfügung überlassen wird. Eine solche Anwendung ist nach dem Opiumgesetz auch dann nicht strafbar, wenn sie nicht zu Heilzwecken geschieht; der Arzt kann sich aber nach den Vorschriften über Körperverletzung oder Tötung strafbar machen. Dem Apotheker obliegt eine gewisse Prüfungspflicht in bezug auf die ihm vorgelegten Rezepte, zunächst nach der Richtung, ob es sich überhaupt um ein ordnungsgemäßes ärztliches Rezept handelt, dann aber auch, ob nicht hinter dem Rezept sich eine rechtswidrige Handlung versteckt. Ein äußerlich ordnungsmäßiges Rezept begründet eine Vermutung dafür, daß es sich um eine Verordnung zu Heilzwecken handelt; insoferne dient der Rezeptzwang auch dem Schutz des Apothekers gegen strafrechtliche Verantwortung. Liegen aber besondere Umstände vor, die den Apotheker darauf hinweisen, daß der Arzt eine gesetzlich unzulässige Abgabe der Stoffe herbeizuführen sucht, dann handelt er je nach der Sachlage vorsätzlich oder fahrlässig, wenn er die Stoffe gleichwohl abgibt. Maßgebend sind hierbei die allgemeinen, für jedermann gültigen Grundsätze über den Vorsatz und Fahrlässigkeit sowie etwaige besondere Vorschriften über die Beschaffenheit der Rezepte und die Prüfung ihrer Ordnungsmäßigkeit. Die Apotheker können sich dem gegenüber keineswegs auf die Vorschriften der Apothekenbetriebsordnungen berufen, denen zufolge sie verpflichtet sind, ärztliche Verordnungen ohne Verzug auszuführen; diese landesrechtlichen Vorschriften müssen hinter den reichsrechtlichen Verbotsgesetzen zurücktreten. Die angefochtene Entscheidung enthielt auch keinen unzulässigen Eingriff in das Berufungsrecht des Arztes und ein dem Gericht fremdes Wissensgebiet. Der Richter ist an das Gesetz gebunden; er hat es lediglich auszulegen. Für diese Auslegung gilt der Grundsatz in dubio pro reo nicht; er hat nur Bedeutung für die Beweiswürdigung. Führt die Auslegung zu einem Ergebnis, das nach einer gewissen Richtung eine Einschränkung der freien Berufsausübung bedeutet, so muß dies der Arzt, wie der Angehörige eines jeden anderen Berufsstandes, nach Erschöpfung der ihm zu Gebote stehenden Rechtsmittel hinnehmen. Ergibt sich auf Grund der gesetzlichen Vorschriften für den Richter die Notwendigkeit, festzustellen, ob das Vorgehen eines Arztes den allgemeinen oder doch weitaus überwiegend anerkannten Regeln der ärztlichen Wissenschaft entsprochen habe, so muß er diese Frage auf Grund von Sachverständigengutachten entscheiden. Er kann hierbei auch in die Lage kommen, zwischen widersprechenden Gutachten wählen zu müssen. Das gilt für das Gebiet der ärztlichen Wissenschaft ebenso, wie für jedes andere Wissensgebiet, mit dem sich der Richter auf Grund gesetzlicher Vorschriften, unter Mitwirkung von Sachverständigen befassen muß. (I, 23. November 1928.)

Amtl. Sammlg. S. 369—393.

Vgl. Bd. 3 S. 119; Bd. 7 S. 412; Bd. 26 S. 51; Bd. 33 S. 305; Bd. 36 S. 426; Bd. 57 S. 274; Bd. 60 S. 365; Bd. 62 S. 281.

115. Betrug bei Ausspielungen. (StGB. § 263; BGB. § 363.) Um die Lust zur Beteiligung an der bei einem Verein veranstalteten Ausspielung (Tombola) bis zum Schluß rege zu erhalten und um dem Verein durch den erhöhten Absatz von Losen Vorteile zuzuwenden, legten die Spielleiter einige Lose nicht in die Lostrommel, sondern behielten sie heimlich zurück, obwohl die Gewinne in den Festräumen ausgestellt blieben. Das erfüllte den Tatbestand des Betrugs. Nach dem maßgebenden Spielplan sollte jeder Käufer jeden Loses durch dessen Kauf, also als Gegenleistung für seinen Einsatz, das Anrecht erwerben, an der Ausspielung durch Ziehung eines der in den Lostrommeln befindlichen Loszettel teilzunehmen. Diese waren teils Nieten, teils enthielten sie als Gewinnlose die Angabe des auf sie als Gewinn entfallenden Gegenstandes. Spielplanmäßig müßten bei jedem Ziehen eines Loszettels außer den Nieten die sämtlichen noch nicht gezogenen Gewinnlose in den Lostrommeln sein; nur unter dieser Voraussetzung hatte der die Ausspielung veranstaltende Verein vertraglich einen Anspruch auf den vom Spieler zu leistenden Einsatz. Indem die Angeklagten als die Vertreter des Vereins eine Anzahl Gewinnlose zurückbehielten in der Absicht, auf diese Weise dem Verein den Einsatz der Spieler zu verschaffen, ohne daß diesen die spielplanmäßig auf alle noch nicht gezogenen Gewinne zu erstreckenden Gewinnmöglichkeiten gewährt wurden, trachteten sie darnach, dem Verein rechtswidrige Vermögensvorteile zuzuwenden. Eine zur Verwirklichung dieser Absicht dienende Täuschung der Spieler wurde dadurch erreicht, daß während der Ausspielung alle Gewinne ausgestellt waren, was die Spieler in den Glauben versetzte, daß sich die Ausspielung auf alle diese Gewinne erstrecke. Die Angeklagten waren hiefür voll verantwortlich, weil sie als verantwortliche Spielleiter die Pflicht hatten, für eine planmäßige Ausspielung zu sorgen. Der Anspruch der Spieler auf eine planmäßige Losziehung wurde allerdings durch das Vorgehen der Angeklagten nicht verkürzt, da sie die planwidrige Ausspielung nicht gelten zu lassen brauchten und auf Nachholung einer planmäßigen Losziehung bestehen konnten; wenn aber ein Spieler durch den irrigen Glauben, die Ausspielung sei planmäßig vor sich gegangen, veranlaßt wurde, die ihm nachteilige planwidrige Losziehung als Vertragserfüllung hinzunehmen und gelten zu lassen, verschlechterte sich seine Vermögenslage ohne weiteres dadurch, daß er die ihm gebotene Leistung als Erfüllung hinnahm. Daß die Angeklagten sich bewußt waren, einen Betrug zu begehen, war für ihre Verurteilung nicht erforderlich; es genügt für ihren Vorsatz in dieser Hinsicht, wenn sie die Tatsache voraussahen und wollten, daß ihr arglistiges Tun einen Vermögensnachteil der Spieler zur Folge haben würde. (II, 29. November 1928.)

Amtl. Sammlg. S. 393—396.

Vgl. Bd. 55 S. 270; Bd. 62 S. 252.

116. Vorrätighalten unzüchtiger Schriften. (StGB. § 184.) Der Reisende einer Buchhandlung führte in einem Koffer unzüchtige Bücher als Muster mit. Er wurde wegen eines Vergehens wider die Sittlichkeit verurteilt auf Grund der Feststellung, daß er unzüchtige Schriften vorrätig ge-

halten habe. Das Urteil wurde bestätigt. Das Gesetz will jede Form von Handlungen treffen, die darauf gerichtet ist, unzüchtige Schriften, Abbildungen oder Darstellungen unter das Volk zu bringen. Dieses Ziel dient in besonderem Maße der Ankündigung oder Anpreisung, wobei es offenbar nicht darauf ankommt, ob der Händler, der ankündigt oder anpreist, die von ihm abzusetzenden Stücke schon vorrätig hält oder erst auf Grund der erzielten Bestellungen sich beschafft. Die Ankündigung oder Anpreisung betrifft also hier das Werk als Ganzes, nicht nur bestimmte Stücke. Das gleiche muß gelten für das Vorrätighalten; die Bereithaltung eines Stückes, um damit Bestellungen aufzusuchen, muß der Bereithaltung der Schriften zur Abgabe strafrechtlich gleichgestellt werden. (I, 4. Dezember 1928.) Amtl. Sammlg. S. 396—398.
Vgl. Bd. 42 S. 210.

117. Fernsprechbücher. Nachdruck. (LitUrhG. §§ 13, 38.) Ein Verleger gab für ein bestimmtes, zu acht verschiedenen Oberpostdirektionsbezirken gehöriges Wirtschaftsgebiet ein Fernsprechbuch heraus, für dessen Zusammenstellung er die amtlichen Fernsprechbücher benützte. Er wurde wegen verbotenen Nachdrucks angeklagt, aber in zwei Instanzen freigesprochen. Das Reichsgericht verwies die Sache zurück. Die amtlichen Fernsprechbücher sind geschützte Schriftwerke. Ihre freie Benutzung ist zulässig, wenn dadurch eine eigentümliche Schöpfung hervorgebracht wird; das geschah, wenn lediglich eine fremde Idee benutzt, ausgestaltet und verarbeitet, einem fremden Werke nur die Anregung entnommen, gleichzeitig aber ein auf eigener schaffender Tätigkeit beruhendes, sonach neues Werk geschaffen wird. Das vom Angeklagten herausgegebene Verzeichnis hätte sich als eigentümliche Schöpfung dargestellt, wenn er den Stoff selbständig gesammelt und mit seiner Arbeit eine eigene, geistige Tätigkeit entfaltet hätte. Das ließ sich dem Urteil nicht entnehmen; es stand insbesondere nicht fest, wie der Angeklagte die amtlichen Fernsprechbücher verwendet hatte und wieweit er sich auf eigene Ermittlungen stützte. Zu prüfen war auch, ob etwa die Zusammenstellung eine neuartige, selbständige Geistesschöpfung des Angeklagten war. In bloßen Abkürzungen brauchte ein nicht unerheblicher Aufwand geistiger Tätigkeit nicht notwendig gefunden zu werden, auch wenn dadurch die besondere Idee verwirklicht wurde, dem Gesamtverzeichnis ein handliches Format zu geben. (II, 6. Dez. 1928.) Amtl. Sammlg. S. 398—400. Vgl. Bd. 39 S. 153; Bd. 42 S. 84; RGZ. Bd. 116 S. 303.

118. Geschlechtskrankheiten. Verhütungsmittel. (StGB. § 184.) Unter Gegenständen, die einem bestimmten Zweck dienen, sind solche zu verstehen, die dafür im allgemeinen in Gebrauch sind. (III, 6. Dezember 1928.)

Amtl. Sammlg. S. 400.

119. Rechtsmittel. Reformatio in peius. Tateinheit. Tatmehrheit. (StGB. §§ 73, 74; StPO. § 331.) Das Schöffengericht hatte den Angeklagten wegen fortgesetzten Diebstahls zu 6 Monaten Gefängnis verurteilt. Der Angeklagte legte unbeschränkte Berufung ein, der Staatsanwalt unter Beschränkung auf das Strafmaß. Das Landgericht verurteilte den Angeklagten wegen dreier Vergehen des Diebstahls, setzte für jede Tat eine Gefängnisstrafe von sechs Monaten fest und bildete daraus eine Gesamtgefängnisstrafe von einem Jahr. Die Revision des Angeklagten wurde verworfen. Das Berufungsgericht war nicht gehindert, entgegen der Annahme des Schöffengerichts, daß nur ein fortgesetzter Diebstahl vorliege, drei Einzeldiebstähle festzustellen. Das Wesen der Berufung besteht gerade darin, daß das Berufungsgericht in völliger Unabhängigkeit von dem Verfahren im ersten Rechtszug und dessen Ergebnissen über den Gegenstand der Anklage aufs Neue zu verhandeln, dabei allen zutagetretenden Änderungen der Rechtslage Rechnung zu tragen und ausschließlich auf Grund der Berufungsverhandlung nach eigener Überzeugung die Entscheidung zu treffen hat. Ist ein Urteil nur vom Angeklagten angefochten, so darf zwar die Strafe nicht verschärft werden; eine andere rechtliche Beurteilung der Tat, auch wenn sie zur Verurteilung wegen einer schwereren Straftat, z. B. wegen eines Verbrechens statt wegen eines Vergehens, führt, ist nicht verboten. Wenn im vorliegenden Fall nur die Berufung des Staatsanwalts zu würdigen gewesen wäre, hätte allerdings das Berufungsgericht die Annahme des Schöffengerichts, daß nicht Tatmehrheit, sondern Tateinheit vorliege, hinnehmen müssen; nachdem aber auch der Angeklagte Berufung eingelegt hatte, war der Schuldspruch nicht rechtskräftig geworden. An die Stelle des vom Schöffengericht festgestellten Sachverhalts trat infolge der Verhandlung vor dem Berufungsgericht ein neuer Sachverhalt und dieser war für die Strafzumessung maßgebend. Infolge der Berufung des Staatsanwalts konnte auch auf eine schwerere Strafe erkannt worden, doch durfte, weil diese Berufung sich auf das Strafmaß beschränkte, eine Erhöhung der Strafe nur innerhalb des Strafrahmens des vom Schöffengericht angewendeten Strafgesetzes ausgesprochen werden. Das Berufungsgericht hatte sein Urteil so gefaßt, daß die Berufung des Angeklagten verworfen und auf die Berufung des Staatsanwalts der Angeklagte wegen dreier Vergehen des Diebstahls zu einer Gefängnisstrafe von einem Jahr verurteilt wurde. Das war nicht ganz richtig; es hätte zum Ausdruck gebracht werden müssen, daß auf die Berufung des Angeklagten der Schuldspruch und auf die Berufung des Staatsanwalts das Strafmaß geändert wurde. Daß das so gewollt war, ergab sich aus den Gründen. (II, 6. Dezember 1928.)

Amtl. Sammlg. S. 401—405.

Vgl. Bd. 25 S. 397; Bd. 26 S. 167; Bd. 52 S. 342; Bd. 62 S. 130, 216.

120. Meineid. Strafermäßigung. Versuch. Beihilfe. Rücktritt. (StGB. §§ 46, 157.) Aus einem Kauf wurde auf Lieferung geklagt. Der Beklagte behauptete, er habe die Ware dem verstorbenen Sohn des Klägers zur Ablieferung an diesen übergeben und benannte hiefür einen Zeugen. Die Behauptung widersprach der Wahrheit; der Zeuge wußte das, hatte aber dem Beklagten auf dessen Bitten versprochen, sie zu bestätigen und tat das auch. Wegen Meineids verurteilt, berief er sich darauf, daß er durch die Angabe der Wahrheit sich der Gefahr einer Strafverfolgung wegen Beihilfe zu dem von dem Beklagten verübten Betrugsversuch ausgesetzt hätte. Seine Revision wurde verworfen. Durch die Angabe der Wahrheit hätte der Angeklagte die Vollendung des vom Beklagten versuchten Betrugs verhindert und sich selbst Straffreiheit gesichert. Allerdings bewirkt der Rücktritt des Gehilfen von dem Versuch für sich allein noch keine Straffreiheit für ihn, er hat diese Wirkung aber dann, wenn die Tat nicht vollendet wird und wenn diese Nichtvollendung auf seinem Rücktritt beruht. (I, 7. Dezember 1928.)

Amtl. Sammlg. S. 405—407.

Vgl. Bd. 47 S. 360; Bd. 56 S. 210; Bd. 58 S. 295; Bd. 59 S. 413.

121. Branntweinmonopol. Hinterziehung. Betrug. Wertersatz. Einheit. Gesetzeseinheit. (StGB. §§ 73, 263; BranntwMonG. §§ 87, 105, 119, 120, 121, 128, 147; RAbgO. § 355, 383.) Die Abgabe von 5000 Liter reinen Sprit wurde durch die falsche Angabe erschlichen, der Sprit sei zur Ausfuhr bestimmt; er wurde aber im Inland verwendet. Für den Unterschiedsbetrag war Sicherheit geleistet worden; die Freigabe dieser Sicherheit wurde durch Vorlage einer falschen Bescheinigung über die angeblich erfolgte Ausfuhr erzielt. Die Verurteilung wegen Monopolhinterziehung in Tateinheit mit Betrug wurde vom Reichsgericht bestätigt. Zwar ist auch die Auflage einer Sicherheit eine Maßnahme zur Verhütung der Hinterziehung von Monopoleinnahmen, so daß auch das Erschleichen der Freigabe einer Sicherheit unter Umständen als Monopolhinterziehung erscheinen kann. Das ist aber weder eine notwendige noch auch eine regelmäßige Erscheinungsform des Monopolbetrugs. Einerseits wird eine Monopolhinterziehung auch durch das Fortbestehen der für sie bestellten Sicherheit nicht ausgeschlossen; anderseits braucht dem Erschleichen der ungerechtfertigten Freigabe einer solchen Sicherheit weder der Vorsatz, die Monopoleinnahme selbst irgendwie zu verkürzen, zugrunde zu liegen, noch ist damit dieser Erfolg ohne weiteres verknüpft. Das kann besonders dann zutreffen, wenn die Monopoleinnahmen schon in der voll geschuldeten Höhe entrichtet sind und nur die Freigabe der Sicherheit noch aussteht. Auch wenn daher die Strafvorschriften des Branntweinmonopolgesetzes gleich denen der Reichsabgabenordnung als ein Sonderstrafrecht angesehen werden, das, soweit es reicht, die Anwendung des gemeinen Strafrechts ausschließt, kamen diese Gesichtspunkte hier, soweit es sich um das Erschleichen der Freigabe der Sicherheit handelte, nicht in Betracht. Für die Berechnung des Wertersatzes war der zur Zeit der Urteilsfällung geltende regelmäßige Verkaufspreis zugrundegelegt worden. Das wurde vom Reichsgericht gebilligt. (II, 13. Dezember 1928.)

Amtl. Sammlg. S. 407—410.

Bd. 50 S. 166; Bd. 60 S. 97, 161, 237.

122. Branntweinmonopol. Vergällung. Falschbeurkundung. (StGB. § 348; BranntwMonG. § 92; BranntwVerwO. §§ 79, 83, 99, 105, 117.) Die auf die Vergällung von Branntwein bezüglichen Eintragungen in den Vergällungsanmeldungen und im Aufsichtsbuch dienen nicht nur der Behörde zur Überwachung der dienstlichen Tätigkeit ihrer mit dem Schutz des Monopols betrauten Beamten, sie sind vielmehr darüber hinaus nach dem Branntweinmonopolgesetz und seinen Ausführungsvorschriften dazu bestimmt, in mannigfacher Hinsicht eine urkundliche Grundlage für die Rechtsverhältnisse zwischen der Monopolverwaltung und den Beziehern des zu vergällenden Branntweins oder anderer Beteiligten zu sein. Sie sollen dem Bezieher gegenüber urkundlich festlegen, was auf seinen Vergällungsantrag veranlaßt, insbesondere was mit dem Branntwein geschehen ist; der Bezieher von Branntwein hat Gelegenheit, bei den in Betracht kommenden Amtshandlungen anwesend zu sein und von den vorgenommenen Eintragungen Kenntnis zu nehmen. Diese werden dadurch gewissermaßen ihm gegenüber beurkundet. Über jede Vergällung ist ihm eine besondere amtliche Bescheinigung zu erteilen, die den wesentlichen Inhalt der Eintragungen wiedergibt. Auch wenn diese Aushändigung unterbleibt, wird dem Bezieher das Ergebnis der beantragten Vergällung wenigstens dadurch zugänglich gemacht, daß auf Grund der in der Anmeldung gemachten Eintragungen sofort die Einschreibung des vergällten Branntweins im Aufsichtsbuch erfolgt, das sich in seinem eigenen Gewahrsam befindet; hierüber ist wiederum ein Vermerk in der Anmeldung nachzutragen. Die ganze Anmeldung ist als Beleg zu dem bei der Zollbehörde zu führenden Anschreibbuch zu nehmen. Hierdurch werden, abgesehen von ihrer sonstigen Rechtserheblichkeit nach außen, die Eintragungen in der Anmeldung für und gegen den Branntweinbezieher insbesondere auch zu urkundlichen Grundlagen für die Feststellung des Unterschiedsbetrags zwischen dem ermäßigten und dem regelmäßigen Kaufpreis, der nachzuerheben ist, falls eine Bestandsaufnahme Fehlmengen ergibt, bei denen eine unzulässige Verwendung des Branntweins anzunehmen ist. Das genügt, um in jenen Eintragungen öffentliche Urkunden zu erblicken. Für den inneren Tatbestand der amtlichen Urkundenfälschung reicht es aus, wenn der Täter die Falschbescheinigungen in Kenntnis von Tatsachen ausgestellt hat, aus denen sich als rechtliche Folgerung ergibt, daß die Eintragungen öffentliche Urkunden waren. Ohne entscheidende Bedeutung ist dabei, ob der Täter im einzelnen erkannt hat, inwieferne und für welche Tatsachen seinen Beurkundungen Beweiserheblichkeit nach außen hin beizumessen war. (II, 13. Dezember 1928.) Amtl. Sammlg. S. 410—415.

123. Rennwettbetrug. Funkvergehen. Tateinheit. (StGB. §§ 73, 74, 263; FunkVO. § 2.) Rennwetten wurden abgeschlossen, nachdem sich die Wettenden durch das Auffangen von Funksprüchen schon über den Ausgang des Rennens vergewissert hatten. Damit war der Tatbestand eines fortgesetzten Vergehens gegen die Funkverordnung und eines fortgesetzten Vergehens des Betrugs erfüllt. Bei den Rennwetten handelt es sich um Spielverträge, bestehend im Kauf einer Gewinnmöglichkeit gegen Bezahlung eines Einsatzes, wobei der Gewinnfall von dem noch ungewissen Eintritt oder Ausfall eines ganz bestimmten Ergebnisses, nämlich von dem Sieg oder Unterliegen des einen oder anderen an einem Rennen beteiligten Pferdes abhängen soll. Die Entscheidung entzieht sich der Beeinflussung oder Berechnung durch die Teilnehmer, hängt für sie vom Zufall ab. Die Spekulation auf diesen Zufall ist der Beweggrund für die Rennwetten und ihren Inhalt. Ohne sie wäre der Vertrag gegenstandslos, da bei tatsächlich schon entschiedenem Gewinnfall bloß eine grund- und sinnlose Bereicherung des einen Teils auf Kosten des anderen übrig bliebe. Die noch bestehende Ungewißheit des Gewinnfalles bildet daher die selbstverständliche und beiderseits stillschweigend zum Vertragsinhalt erhobene Bedingung jeder Rennwette. In dem Abschluß des Spielvertrags in dem Bewußtsein, daß der Zufall bereits zugunsten des Abschließenden ausgeschlagen hat, liegt die Verschweigung einer falschen Tatsache. Daß immer noch ein Zweifel an der Richtigkeit der aufgefangenen Funksprüche bestand, änderte hieran nichts. Zwischen den Straftaten bestand Tatmehrheit, da das unbefugte Auffangen der Rundfunksprüche immer schon abgeschlossen war, ehe die Angeklagten mit der so erlangten Kenntnis daran gehen konnten, die Buchmacher zu täuschen und zum Abschluß von Rennwetten zu bestimmen. (III, 17. Dezember 1928.) Amtl. Sammlg. S. 415—417.

Vgl. Bd. 6 S. 172, 421; Bd. 7 S. 21.

124. Friedhofgebühr. Betrug. (StGB. § 263.) Nach dem Friedhofgebührentarif einer Stadt wurde für die Aufstellung von Grabdenkmälern eine nach dem Preis des Denkmals bemessene Gebühr erhoben. Ein Denkmalfabrikant legte zu dem Zwecke einer Verkürzung dieser Gebühr eine von der wirklichen Vereinbarung abweichende Vertragsurkunde vor. Das erfüllte den Tatbestand des Betrugs. Die Vermögensbeschädigung der Stadt liegt in der Verkürzung der tarifmäßigen Gebühr. Der Angeklagte hatte die Rechtmäßigkeit dieser Gebühr mit der Begründung bekämpft, daß es sich bei ihr um eine verkappte Gemeindesteuer handle. Das traf nicht zu. Eine Steuer ist ein unter der Voraussetzung eines bestimmten Tatbestands jedermann ohne Gegenleistung kraft staatlichen Hoheitsrechts auferlegter Beitrag zu den öffentlichen Lasten; hier aber handelte es sich um Leistungen gegen Gegenleistung, da die Stadt den ihr gehörigen Friedhof unter bestimmten Bedingungen zur Benutzung überließ. Die Denkmalsgebühr war auch nicht schon in der Gebühr für die Gewährung der Grabstelle enthalten, da die Befugnis, eine Leiche an bestimmter Stelle eines Grundstücks zu versenken, sich nicht mit dem Recht deckt, dort ein Grabdenkmal aufzustellen. Daß der Gebührentarif in rechtsverbindlicher Art zustande gekommen war, stand fest. (III, 17. Dezember 1928.) Amtl. Sammlg. S. 417—418.

125. Unfallrente. Betrug. Verjährung. (StGB. §§ 67, 263.) Ein Bergmann verletzte sich bei einem Streit derart an der Hand, daß ihm der Daumen abgenommen werden mußte. Mit der unwahren Behauptung, er habe sich die Verletzung im Betrieb zugezogen, suchte er um eine Unfallrente nach. Diese wurde ihm durch Bescheid der Knappschafts-Berufsgenossenschaft vom 30. Januar 1922 bewilligt. Nach Entdeckung des Sachverhalts wurde ein Strafverfahren gegen ihn eingeleitet; die erste richterliche Handlung wurde am 31. Januar 1927 vorgenommen. Das Berufungsgericht stellte das Verfahren wegen Verjährung ein. Das Reichsgericht verwies die Sache zurück. Die Verjährung beginnt beim Betrug mit dem Tag, an dem die Vermögensbeschädigung als Folge der Täu-

schung bewirkt worden ist. Damit ist der Tatbestand des Betrugs vollendet, aber noch nicht unter allen Umständen beendet; wenn der vom Täter bezweckte schädigende Erfolg nicht auf einmal, sondern erst nach und nach zu verschiedenen Zeitpunkten sich verwirklicht, erreicht der Betrug sein Ende erst mit dem Eintritt des letzten Teilerfolgs. Die Verjährung konnte also erst von der letzten Rentenzahlung an beginnen. Schon in der Empfangnahme der einzelnen Rentenzahlungen lag ein ständig sich fortsetzendes Erhalten des Täuschungszustands, wenn sich auch die Auszahlung der Renten ohne besonderes Zutun des Rentenempfängers vollzog. Der Angeklagte hatte auch im Jahre 1923 noch eine Erhöhung der Rente beantragt. (III, 20. Dezember 1928.) Amtl. Sammlg. S. 418—420.
Vgl. Bd. 46 S. 414.

126. Ausbleiben des Angeklagten. (StPO. § 329.) Beim Beginn der Berufungsverhandlung war der Angeklagte nicht erschienen. Sein Verteidiger erklärte, die Frau des Angeklagten habe ihm mitgeteilt, dieser sei schwer erkrankt. Die Berufung wurde sofort verworfen. Das Reichsgericht verwies die Sache zurück. Der Verteidiger des Angeklagten konnte nicht als dessen Vertreter tätig werden, da es sich um ein Verbrechen handelte, die Verhandlung also nicht in Abwesenheit des Angeklagten stattfinden konnte. Das Berufungsgericht hätte aber das Vorbringen des Verteidigers insoferne beobachten müssen, als zu prüfen war, ob eine genügende Entschuldigung vorlag. Etwa in Betracht kommende Entschuldigungsgründe sind von Amts wegen zu berücksichtigen. (II, 3. Januar 1929.) Amtl. Sammlg. S. 420—422.
Vgl. Bd. 62 S. 259.

127. Raubversuch mit Todesfolge. (StGB. §§ 43, 249, 251.) Zum Zwecke der Ausführung eines gemeinschaftlichen Raubes gab einer der Täter auf den zu beraubenden Mann einen Schuß ab, um dessen Widerstand zu brechen. Der Schuß hatte den Tod des Verletzten zur Folge; zu einer Wegnahme von Sachen kam es nicht. Die Verurteilung wegen Raubversuchs mit Todesfolge wurde bestätigt. Wenn auch die Vorschrift dahin lautet, daß mit Zuchthaus nicht unter 10 Jahren oder lebenslänglichem Zuchthaus der Räuber bestraft wird, wenn durch die verübte Gewalt der Tod des Verletzten verursacht wird, so ergibt sich daraus doch nicht, daß die Vorschrift nur im Falle des vollendeten Raubes Anwendung findet. Der straferhöhende Umstand besteht in der verhängnisvollen Folge, welche die Tat für das Leben der betroffenen Person gehabt hat; er wird also von der Frage, ob und in welchem Umfang es zu einer Wegnahme von Sachen gekommen ist, in keiner Weise berührt. (II, 3. Januar 1929.)

Amtl. Sammlg. S. 422—424.
Vgl. Bd. 40 S. 325.

128. **Hilfsgeschworener.** (GVG. §§ 49, 84.) Ein Hilfsgeschworener wurde zur Dienstleistung einberufen, konnte aber wegen Krankheit nicht erscheinen. Er wurde bei einer folgenden Sitzung neuerdings einberufen, obwohl inzwischen Hilfsgeschworene, die in der Liste nach ihm standen, Dienst geleistet hatten. Das führte zur Aufhebung des Urteils. Das Gesetz ordnet zur Ausschließung jeder Willkür die Einhaltung der Reihenfolge der Jahresliste an und läßt nur für bestimmte Fälle Ausnahmen zu. Eine solche Ausnahme traf nicht zu. Aus der Vorschrift, daß tunlichst an die Stelle eines zunächst berufenen Mannes ein Mann, an die Stelle einer zunächst berufenen Frau eine Frau treten soll, ergibt sich, daß die Reihenfolge der Hilfsgeschworenen für Männer und Frauen getrennt einzuhalten ist. (II, 7. Januar 1929.)

Amtl. Sammlg. S. 424—425.

129. **Verjährung. Wiedervorlegung.** (StGB. § 68.) In einer Strafsache verfügte der Vorsitzende: 1. Termine bis 8. August besetzt. 2. Wiedervorlage nach einer Woche. Das genügte, um die Verjährung zu unterbrechen. Eine bloße Wiedervorlageverfügung reicht hiezu nicht aus, weil sie nur besagt, daß der Richter sich nach Ablauf der Frist mit der Sache befassen will; im vorliegenden Fall war aber erkennbar, daß der Vorsitzende nur wegen Überlastung der Tagesordnungen davon Abstand nahm, Termin für die Hauptverhandlung sofort zu bestimmen, aber entschlossen war, das nach Ablauf einer Woche zu tun. Die Verfügung der Wiedervorlegung stand darum nicht einem Liegenbleiben der Akten gleich, bezweckte vielmehr, den Fortgang des Verfahrens in kurzer Zeit sicherzustellen und bedeutete daher eine richterliche Handlung, die wegen

der begangenen Tat gegen den Täter gerichtet war. (II, 7. Januar 1929.) Amtl. Sammlg. S. 425—426.
Vgl. Bd. 21 S. 308; Bd. 56 S. 380.

130. Berufung. Sprungrevision. (StPO. §§ 304, 335.) In der Einlegung der Sprungrevision liegt ein Verzicht auf die Berufung; ein Übergang von der Sprungrevision auf die Berufung ist also auch innerhalb der Einlegungsfrist nicht zulässig. Anderseits ist die Erklärung des Übergangs nicht als Zurücknahme der Revision aufzufassen, da eine solche nur unter der Bedingung beabsichtigt ist, daß die Berufungseinlegung gültig sei. Ein Rechtsmittel kann aber nicht bedingt zurückgenommen werden. Zulässig ist dagegen ein Übergang von der Berufung zur Sprungrevision innerhalb der Einlegungsfrist. (III, 10. Januar 1929.) Amtl. Sammlg. S. 426—427.
Vgl. Bd. 60 S. 357.

131. Tabaksteuer. Hinterziehung. Banderolenänderung. Wiederverwendung. (TabStG. §§ 56, 66, 67, 77.) Ein Tabakhändler löste von Zigarrenkisten, deren Inhalt er in seinem Geschäft verkauft hatte, die beim Öffnen zerrissenen Teile der Steuerbanderolen ab und klebte sie auf andere Zigarrenkisten auf, um die Zigarren zu einem höheren, als dem der Versteuerung zugrunde gelegten Preis verkaufen zu können. Die auf den Kisten befindlichen Banderolen riß er zum Teil weg, zum Teil überklebte er sie. Das Berufungsgericht hatte in seinem Verhalten nur eine Wiederverwendung schon verwendeter Steuerzeichen gefunden. Das Reichsgericht stimmte dieser Auffassung nur für jene Fälle bei, in denen der Angeklagte die alten Steuerzeichen entfernt hatte; in dem Überkleben der auf den Kisten belassenen Steuerzeichen war aber eine Änderung dieser Steuerzeichen zu erblicken, durch die ein höherer Steuerwert der geänderten Banderolen vorgetäuscht wurde. Ein Gegenstand wird geändert, wenn er durch eine mit ihm vorgenommene Behandlung anders wird, als er war, ohne daß es sich um eine Umgestaltung seiner Wesensmerkmale handeln muß; übrigens würde auch bei einer engeren Begrenzung des Begriffs im Sinne der Umgestaltung eines Wesensmerkmals des Gegenstandes oder seiner Eignung zu seinem bestimmungsgemäßen Gebrauch die Überklebung den Begriffserfordernissen einer Änderung der Steuerzeichen genügt haben. Demgemäß lag eine

Hinterziehung der Tabaksteuer vor, die mit der Wiederverwendung von entwerteten Steuerzeichen in Tateinheit stand. (III, 14. Januar 1929.)

Amtl. Sammlg. S. 427—429.

Vgl. Bd. 17 S. 394; Bd. 56 S. 329; Bd. 62 S. 78, 203.

132. Kurpfuscherei. Polizeiliche Verordnung. Gewerbefreiheit. Presse. Freie Meinungsäußerung. (GewO. § 6; PreßG. § 1; RVerf. Art. 118.) Durch eine Verordnung eines preußischen Regierungspräsidenten wurden öffentliche Anzeigen von nicht approbierten Personen, welche die Heilkunde gewerbsmäßig ausübten, insoweit verboten, als sie über die Vorbildung, Befähigung oder Erfolge dieser Personen zu täuschen geeignet waren oder prahlerische Versprechungen enthielten. Gegen die Verurteilung wegen Übertretung dieser Vorschrift wurde eingewendet, daß die Verordnung nicht rechtsgültig sei. Die Revision hatte keinen Erfolg. Mit dem Grundsatz der Gewerbefreiheit, der sich übrigens nur auf die Zulassung zum Gewerbebetrieb, nicht aber auch auf die Art seiner Ausübung bezieht, stand die Vorschrift schon deshalb nicht im Widerspruch, weil die Gewerbeordnung auf die Ausübung der Heilkunde nur insoweit Anwendung findet, als sie ausdrückliche Bestimmungen darüber enthält. Auch Vorschriften des Gesetzes gegen den unlauteren Wettbewerb wurden durch die Verordnung nicht verletzt. Dieses Gesetz will vorzugsweise dem Schutz privater wirtschaftlicher Interessen der Gewerbetreibenden dienen, während es sich bei der Verordnung um den Schutz des Publikums gegen Schädigungen durch das Treiben der Kurpfuscher handelte. Durch das Preßgesetz war die Bekanntmachung nicht geschützt, da es durchaus nicht in der Absicht dieses Gesetzes liegt, zugunsten der Presse ein Vorrecht zu schaffen, wonach durch die Presse sonst verpönte Bekanntmachungen anstandslos veröffentlicht werden dürften. Das in der Reichsverfassung jedem Deutschen gewährte Recht der freien Meinungsäußerung ist ausdrücklich an die Bedingung geknüpft, daß es nur innerhalb der Schranken der allgemeinen Gesetze ausgeübt werden darf; zu den allgemeinen Gesetzen gehören auch rechtsgültige Polizeiverordnungen. Dem Angeklagten war nicht verwehrt, im Privatverkehr die Meinung von seinen Fähigkeiten kundzutun; öffentliche

Anzeigen prahlerischen Inhalts waren ihm verboten. Hinsichtlich des inneren Tatbestands hatte das Berufungsgericht festgestellt, daß angesichts der bescheidenen Heilerfahrungen des Angeklagten seine Versprechungen nicht gerechtfertigt waren. Damit war sein Verschulden genügend dargetan. Beim polizeilichen Charakter der Vorschrift genügte Fahrlässigkeit. (II, 14. Januar 1929.)

Amtl. Sammlg. S. 429—432.

Vgl. Bd. 40 S. 224; Bd. 59 S. 159.

133. Betrug. Belügen von Vorgesetzten. Berufungsbeschränkung. (StGB. §§ 43, 263; MStGB. § 29; StPO. § 301.) Ein Soldat der Reichswehr suchte durch die falsche Vorspiegelung, eine ihm gebührende Kinderzulage sei noch nicht ausbezahlt worden, die nochmalige Auszahlung zu erlangen. Er wurde wegen versuchten Betrugs zu einer Geldstrafe verurteilt. Der Staatsanwalt legte Berufung ein mit der Begründung, daß nach dem Militärstrafgesetzbuch hätte auf eine Freiheitsstrafe erkannt werden müssen, da das Belügen von Vorgesetzten gegen die Berufspflichten der deutschen Soldaten verstoße. Das Berufungsgericht sah hierin eine Beschränkung der Berufung auf das Strafmaß und lehnte eine Nachprüfung des Schuldspruchs ab. Das Reichsgericht billigte dieses Vorgehen. § 29 MStGB. enthält für sich nicht den Tatbestand einer strafbaren Handlung; es regelt zu den allgemeinen Strafgesetzen, die Freiheitsstrafe und Geldstrafe wahlweise androhen, die Straffestsetzung für den Fall, daß eine strafbare Handlung zugleich eine militärische Dienstpflicht verletzt. Liegt ein solcher Fall vor, so wird dadurch das bürgerliche Vergehen nicht zu einem militärischen, es wird nur die Verhängung der wahlweise zugelassenen Geldstrafe ausgeschlossen. Demgemäß bezieht sich diese Vorschrift nur auf die Straffrage. So ist das Urteil auch dann lediglich zur Straffrage nachzuprüfen, wenn bei fehlerhafter Verneinung von bestimmten oder unbestimmten Strafmilderungs- oder Straferhöhungsgründen, soweit sie nicht begrifflich einen untrennbaren Teil der Schuldfrage bilden, ein Rechtsmittel nur hiewegen eingelegt worden ist. (II, 17. Januar 1929.)

Amtl. Sammlg. S. 433—435.

Vgl. Bd. 40 S. 46; Bd. 57 S. 410; Bd. 60 S. 109; RMG. Bd. 1 S. 258; Bd. 14 S. 68.

134. Berufung auf einen Nacheid. (StPO. §§ 62, 63, 65, 67.) Für die Frage, in welchem Umfang bereits früher vernommene Zeugen die Richtigkeit ihrer späteren Aussagen unter Berufung auf den früher geleisteten Eid zu versichern haben, ist es gleichgültig, ob sie früher den Voreid oder Nacheid geleistet haben. In der Berufung auf den früheren Eid liegt nicht eine Bezugnahme auf das frühere Gelöbnis einer wahrheitsgemäßen Aussage, sondern nur eine Bezugnahme auf die eidliche Beteuerung dieses Gelöbnisses, die für den Voreid die gleiche ist, wie für den Nacheid. Es war darum nicht zu beanstanden, daß Zeugen in der Weise beeidigt wurden, daß sie vor ihrer Vernehmung veranlaßt wurden, die Richtigkeit ihrer Aussage unter Berufung auf den in der Sache früher geleisteten Nacheid zu versichern. (II, 24. Januar 1929.)

Amtl. Sammlg. S. 435—436.

Vgl. Bd. 6 S. 145; Bd. 19 S. 84.

Gesetzesregister

1. Strafgesetzbuch (StGB.): **2** 1; **28** 55; **29** 34, 55; **31** 55; **43** 127, 133; **46** 112, 120; **47** 102; **48** 22, 30; **49** 22; **53** 23; **54** 37; **59** 12, 45, 48, 99, 104, 108; **61** 25; **63** 25; **67** 69; **68** 129; **73** 1, 13, 22, 25, 93, 108, 119, 121; **74** 22, 108, 119; **92** 20; **108** 2; **130** 40; **150** 73; **151** 36; **154** 54, 58; **156** 32; **157** 16, 39, 58, 65, 68, 95, 120; **163** 35, 95; **174** 11; **180** 107, 108; **181** 31; **184** 116, 118; **185** 53; **186** 25; **191** 32; **193** 25, 53; **211** 60; **217** 3, 62; **218** 37; **221** 3; **223a** 46; **224** 47; **230** 33; **246** 6, 10, 18; **249** 127; **251** 127; **263** 18, 80, 115, 121, 124, 125, 133; **264** 36; **265** 93; **266** 6, 10, 17, 36; **267** 4, 64; **267** 70, 72, 74, 83; **268** 72; **269** 74; **271** 80; **284** 48, 49; **284a** 48; **285** 48; **288** 88; **304** 130; **308** 9, 93; **332** 26, 36; **333** 26; **335** 130; **348** 64, 80, 122; **350** 50; **356** 45, 92; **359** 8, 56, 97, 106; **363** 72, 109; **367** 89.
2. Strafprozeßordnung (StPO.): **22** 100; **23** 94, 100; **28** 94; **43** 38; **52** 39; **58** 39; **62** 134; **63** 164; **65** 134; **67** 134; **69** 41; **138** 79; **140** 7; **141** 7; **150** 7; **156** 94; **158** 15; **170** 94; **172** 66; **198** 94; **203** 94; **204** 30, 44; **210** 44; **211** 26, 30, 44; **223** 101; **229** 85; **233** 82; **264** 30, 108; **267** 70; **269** 86; **270** 86; **275** 52; **301** 133; **305** 86; **316** 5, 79; **318** 5, 36; **321** 79; **322** 79; **324** 36; **327** 5; **329** 126; **331** 24, 26, 71, 119; **332** 82; **335** 44; **338** 7; **344** 44; **357** 18, 104; **358** 24, 55; **395** 66; **403** 66.
3. Arbeitsnachweisgesetz (ArbNachwG.): 56.
4. Bestechungsverordnung (BestVO.): 26.
5. Börsengesetz (BörsG.): 10.
6. Branntweinmonopolgesetz (BrMonG.): 12, 13, 14, 51, 78, 121, 122.
7. Bürgerliches Gesetzbuch (BGB.): **164** 6, 104; **181** 10; **281** 17; **363** 115; **667** 17; **675** 17; **700** 6; **873** 42; **930** 10; **1252** 88; **1273** 88; **1291** 88.
8. Depotgesetz (DepG.): 6.
9. Genossenschaftsgesetz (GenG.): 111.

10. **Gerichtsverfassungsgesetz (GVG.)**: **25** 86; **26** 86; **29** 86; **47** 63; **49** 63, 128; **62** 87, 98, 113; **63** 98; **64** 113; **66** 87, 98, 113; **84** 63, 128; **86** 63; **121** 19; **135** 19; **136** 64; **169** 40.
11. **Gewerbeordnung (GewO.)**: 132.
12. **Grundbuchordnung (GBO.)**: **18** 43.
13. **Grunderwerbsteuergesetz (GrErwStG.)**: 90, 112.
14. **Handelsgesetzbuch (HGB.)**: **38** 69; **39** 111; **40** 111; **76** 11; **383 390** 110.
15. **Irrtumsverordnung (IrrtVO.)**: 1, 29, 110.
16. **Konkursordnung (KO.)**: **6** 28; **15** 43; **139** 28; **239** 43, 88, 91: **240** 81, 88; **241** 88.
17. **Kraftfahrzeuggesetz (KFG.)**: 33, 76.
18. **Kraftfahrzeugordnung (KFO.)**: 59, 76.
19. **Literarisches Urhebergesetz (LitUrhG.)**: 117.
20. **Luftverkehrsgesetz (LuftVerkG.)**: 99.
21. **Mieterschutzgesetz (MSchG.)**: 1, 42, 75, 77, 105, 108.
22. **Militärstrafgesetzbuch (MStGB.)**: 21, 133.
23. **Opiumgesetz (OpG.)**: 114.
24. **Preistreibereiverordnung (PrTrVO.)**: 42, 75, 77.
25. **Preßgesetz (PreßG.)**: 40, 132.
26. **Rechtsanwaltsordnung (RAO.)**: 45.
27. **Reichsabgabenordnung (RAbgO.)**: 12, 13, 14, 28, 51, 69, 78, 86, 103, 104, 112, 121.
28. **Reichsmietengesetz (RMG.)**: 105.
29. **Reichsverfassung (RVerf.)**: **4** 20; **30** 40; **118** 20, 132; **137** 97; **178** 20.
30. **Rennwettgesetz (RennWG.)**: 103.
31. **Tabaksteuergesetz (TabStG.)**: 24, 28, 51, 64, 67, 131.
32. **Umsatzsteuergesetz (UmsStG.)**: 57, 69.
33. **Vereinszollgesetz (VZG.)**: 12, 13, 14.
34. **Weingesetz (WeinG.)**: 51.
35. **Zivilprozeßordnung (ZPO.)**: **807 832** 54.
36. **Reichsgesetze und -verordnungen**: 8, 19, 27, 29, 51, 96, 106, 110, 122.

Seitenzahlen der amtlichen Sammlung.

1 1—6; **2** 6—8; **3** 8—11; **4** 11—13; **5** 13—15;
6 15—22; **7** 22—23; **8** 24—28; **9** 28—30; **10** 31—33;
11 33—35; **12** 35—48; **13** 48—49; **14** 49—53; **15** 53—55;
16 55—57; **17** 58—61; **18** 61—63; **19** 63—64; **20** 65—72;
21 72—74; **22** 74—76; **23** 76—78; **24** 78—82; **25** 83—96;
26 96—99; **27** 99—101; **28** 101—110; **29** 110—111;
30 112—113; **31** 114—119; **32** 119—122; **33** 122—125;
34 125—126; **35** 126—130; **36** 130—136; **37** 137—140;
38 140—142; **39** 142—144; **40** 145—147; **41** 147—149;
42 149—152; **43** 152—153; **44** 153—155; **45** 155—159;
46 160—161; **47** 161—163; **48** 163—172; **49** 172—173;
50 173—175; **51** 175—181; **52** 182; **53** 183—185;
54 185—186; **55** 186—188; **56** 188—190; **57** 190—192;
58 192—193; **59** 193—195; **60** 196—198; **61** 198—199;
62 199—202; **63** 202—203; **64** 203—207; **65** 207—208;
66 209—210; **67** 210—211; **68** 211—212; **69** 212—215;
70 216; **71** 216—217; **72** 218—221; **73** 221—222;
74 222—223; **75** 223—227; **76** 227—228; **77** 228—246;
78 246—250; **79** 250—251; **80** 252—257; **81** 257—258;
82 259—261; **83** 261—262; **84** 262—263; **85** 263—264;
86 265—272; **87** 273—276; **88** 277—281; **89** 281—285;
90 285—287; **91** 287—289; **92** 289—297; **93** 297—299;
94 299—303; **95** 303—306; **96** 307—308; **97** 308—309;
98 309—311; **99** 312—314; **100** 314—318; **101** 318—319;
102 319—322; **103** 322—329; **104** 329—333; **105** 333—336;
106 337—339; **107** 339—341; **108** 341—351; **109** 351—353;
110 353—357; **111** 357—362; **112** 362—365; **113** 366—369;
114 369—393; **115** 393—396; **116** 396—398; **117** 398—400;
118 400; **119** 401—405; **120** 405—407; **121** 407—410;
122 410—415; **123** 415—417; **124** 417—418; **125** 418—420;
126 420—422; **127** 422—424; **128** 424—425; **129** 425—426;
130 426—427; **131** 427—429; **132** 429—432; **133** 433—435;
134 435—436.

Sachregister.

Ablehnung.
— Richter 94.
Absteigequartier.
— Kuppelei 73.
Abtreibung.
— Notstand 37.
Abwesende.
— Verhandlung gegen 82.
Amtliche Schriftstücke.
— Veröffentlichung 40.
Amtsrichter.
— Zuziehung eines zweiten 86.
Amtsunterschlagung.
— Gerichtsvollzieher 50.
— Kirchenkassenrendant 97.
Anerkennung erdichteter Schulden 91.
Anreizung zum Klassenhaß 40.
Anstiftung und Beihilfe 22.
Apotheker.
— Rauschgiftabgabe 89, 114.
Arbeitsnachweis.
— Beamte 56.
Arzt.
— Rauschgiftverordnung 114.
Ausbleiben.
— Angeklagter 126.
Ausfuhr.
— Kunstwerke 110.
Ausschließung.
— Richter 100.
Aussetzung 3.
Ausspielung.
— Betrug 115.
Außerverfolgungsetzung 26, 30.
Automat.
— Glückspiel 48.

Bäckerverordnung 29.
Banderolenänderung 131.
Bankerott 74, 88.
Bankprokurist.
— Unterschlagung 6.
Beamter.
— Arbeitsnachweisgeschäftsführer 56.
— Registrator 106.
Beihilfe.
— Branntweinmonopolhinterziehung 78.
— Meineidsversuch 120.
— Zollhinterziehung 102.
Beiseiteschaffen.
— Bankrott 43, 88.
Beleidigung 53.
Belügen von Vorgesetzten 133.
Berechtigte Interessen 25.
Berufsbeschränkung 5, 133.
Berufspflicht.
— Körperverletzung 33.
Berufung 130.
Berufungsgericht.
— Prüfungspflicht 36.
Besitzkonstitut 10, 17.
Bestechung 26.

Betrug.
— Ausspielung 115.
— Branntweinmonopolhinterziehung 121.
— Friedhofsgebühr 124.
— Lotterie 80.
— Militärstrafrecht 133.
— Rennwetten 123.
— Unfallrente 125.
Beweisantrag.
— hilfsweiser 23.
Bilanz.
— Genossenschaft 111.
Bordell 107, 108.
Brandstiftung 9.
Branntweinmonopolhinterziehung 14, 51, 78, 121, 122.
Buchführung.
— Unterlassung 69.

Depotgesetz 6.

Ehrenstrafe.
— militärische 21.
Eidesstattliche Versicherung 32.
Eidesverweigerungsrecht 39.
Eigentumsübergang.
— Grunderwerbssteuer 90.
Eigentumsvorbehalt 10.
Einfuhrverbot 12.
Einstellung 44.
Einziehung 14.
Empfehlungsschreiben.
— Urkundenfälschung 72.
Erkundigungspflicht.
— Falscheid 35.
Eröffnungsbeschluß 30.
Ersatzstrafe 34, 55.
Fahrlässige Körperverletzung 33.
Fahrlässige Tötung 66.
Fahrlässigkeit.
— Fleischbeschau 27.
— Glückspiel 49.
Falschbeurkundung 122.
Falscheid 35, 95.
Fernsprechbuch.
— Nachdruck 117.
Fleischbeschau 27.
Fortgesetzte Straftat 1, 28.
Freie Meinungsäußerung 132.
Friedhofgebühr.
— Betrug 124.
Fristberechnung 38.
Funkvergehen 123.

Garnisonskirchengemeinde.
— Rendant 97.
Geheimnisverrat 26.
Geldstrafe.
— Umwandlung in Zuchthaus 34.
Genossenschaft.
— Bilanz 111.
Gerätelieferung.
— Branntweinmonopolgesetz. 78.
Gericht niederer Ordnung 86
Gerichtsbesetzung 86.
Gerichtssaalbericht.
— Veröffentlichung 40.
Gerichtsvollzieher.
Amtsunterschlagung 50.
Geschäftsfahrt.
— Kraftfahrzeugunfall 33.
Geschäftsräume.
— Raumwucher 105.

Geschlechtskrankheit.
— Verhütungsmittel 118.
Geschworene.
— Reihenfolge 63.
Gesetzesauslegung.
— Opiumgesetz 89.
Gesetzeseinheit 22.
Gesetzeskonkurrenz.
— Branntweinmonopolhinterziehung und Gerätelieferung 78.
Gesetzgebung.
— Wechsel 1.
Gestehungskosten.
— Mietwucher 77.
Gewerbefreiheit 132.
Gewerbepflicht.
— Körperverletzung 33.
Gewerbsmäßigkeit.
— Glücksspiel 48.
Gewinnummer.
— Urkunde 80.
Gläubigerbegünstigung 88.
Glied, wichtiges.
— Körperverletzung 47.
Glückspiel 48, 49.
Grausame Behandlung 46.
Grunderwerbsteuerhinterziehung 90, 112.
Gutgläubiger Erwerb 14.

Handzeichen.
— Urkundenfälschung 83.
Hauptverhandlung.
— Unterbrechung 85.
Hehlerei 14.
Heilmittel.
— Rauschgift 89, 114.
Hilfsgeschworene 128.
Hilfsstrafkammer.
— Vorsitz 98.

Interessen, berechtigte 53.
Inverkehrbringen.
— Rauschgift 114.
Irrtum 1, 12, 29, 45, 48, 92, 99, 104, 108, 110.

Karikatur 53.
Kaufmännischer Lehrer.
— unzüchtige Handlungen 11.
Kindstötung 3, 62,
Kirchenkassenrendant.
— Beamter 97.
Kohlenmeiler.
— Brandstiftung 9.
Kommissarische Vernehmung 101.
Kommissionär 10, 57, 111.
Konkursdelikt 28, 43, 81, 91.
Körperverletzung 46.
— fahrlässige 33.
— schwere 47.
Kraftwagenunfall 33, 59, 76.
Kreditbestellung.
— Untreue 36.
Kunstwerke.
— Ausfuhrverbot 110.
Kuppelei 31, 73, 107, 108.
Kurpfuscherei 132.

Landesverrat 20.
Legitimationspapiere.
— Fälschung 72, 109.
Lehrer, kaufmännischer.
— unzüchtige Handlung 11.

Lotterienummer.
— Urkunde 80.
Luftverkehr.
— Erlaubnis 99

Meineid 16, 39, 41, 58, 65, 68, 120.
Mietausfall.
— Raumwucher 42.
Miete.
— Angemessenheit 75, 77.
Mietwucher 108.
Militärstraffache.
— Revisionsgericht 19.
Mittelbare Täterschaft 114.
Mittäterschaft 102.
Mord 60.
Morphium s. Opiumgesetz.

Nachdruck, unerlaubter 117.
Nacheid.
— Berufung auf 134.
Nachprüfung.
—Berufungsinstanz 5.
Nachtat 18.
ne bis in idem 18.
Nebenklage.
— fahrlässige Tötung 66.
Notstand 12, 37.
Notwehr.
— Überschreitung 23.

Offenbarungseid 54.
Opiumgesetz 89, 112, 114.
Ordnungsstrafe.
— zollrechtliche 13.
Ortskrankenkasse.
— Beamte 8.

Parteieid 35.
Parteiverrat 45, 92.
Paßfälschung 109.
Pfändungspfandrecht 104.
Polizeiverordnung 132.
Preistreiberei 77.
Preßdelikt 20, 132.
Privatklageverfahren.
— Aussetzung 32.
Prokurist.
— Untreue 6.
Prüfungspflicht 36.

Raub mit Todesfolge 127.
Raumwucher 1, 42, 45, 77, 105.
Rauschgift 89, 112, 114.
Rechtskraft 44, 84.
Rechtsmittel 119.
Rechtsnorm gemischte 44.
reformatio in peius 18, 22, 26, 55, 71, 119.
Registrator.
— Beamter 106.
Reichsfinanzhof.
— Vorentscheidung 103.
Rennwettbetrug 123.
Rentenbetrug.
— Verjährung 125.
Revision.
— Urteilsverspätung 52.
Revisionsgericht.
— Militärstrafsachen 19.
Rezeptzwang.
— Rauschgift 89.
Rücktritt vom Versuch 112, 120.
Ruhreinbruch.
— Einfuhrverbot 12.
Rundfunk s. Funkvergehen,

Satire
— Beleidigung 53.
Schriften, unzüchtige
— Feilhaltung. 116.
Schriftform.
— Strafantrag 15.
Schuldspruch.
— Rechtskraft 84.
Segelflugzeug 99.
Sommerweg 59.
Sonntagsruhe 29.
Sprungrevision 44, 130.
Stellvertretung 17, 104.
Steuerbescheid 28.
Steuerforderungsanmeldung 28.
Steuerhinterziehung 103, 104, 112, 131.
Steuerzeichen.
— Urkunde 64.
Stiefeltern.
— Kuppelei 31.
Stille Reserve 111.
Strafantrag.
— Ermächtigung 84.
— Stempelunterschrift 15.
— Teilbarkeit 25.
Strafermäßigung.
— Meineid 16, 39, 58, 65, 68, 120.
Strafkammer.
— Vorsitz 113.
Strafklage.
— Verbrauch 44.
— Umgestaltung 36.
Straflose Nachtat 18.
Strafschärfung.
— Tabaksteuer 24.
Strafumwandlung. 34.
Strafvoraussetzungsgrund.
— Strafantrag 84.
Tabaksteuerhinterziehung 131.
— Strafschärfung 24.
Tabaksteuerlager 28.
Tabaksteuerzeichen.
— Fälschung 67.
Tat.
— dieselbe 30.
Tateinheit.
— Betrug und Funkvergehen 123.
— Kuppelei u. Mietwucher 108.
— Meineid u. Beleidigung 68.
— Monopolhinterziehung u. Betrug 121.
— Versicherungsbetrug und Brandstiftung 93.
— Zoll- u. Steuerdelikt 13.

Überlegung.
— Mord 60.
Umsatzsteuer.
— Kommissionär 57.
Umzugskosten 96.
Unfallrente 125.
Unterlassungsvergehen.
— Verjährung 69.
Untermiete.
— Raumwucher 105.
Unterschlagung 10.
Untersuchung.
— Einleitung 95.
Untersuchungsrichter.
— Ausschließung 100.
Untreue 6, 10, 17, 36, 111.
Unzüchtige Handlung.
— kaufmännische Lehrer 11.
Urkunde.
— Steuerzeichen 64.

Urkundenfälschung 4, 72, 74, 83, 122.
Urteil.
— verspätete Feststellung 52.
Urteilsgründe.
— Verweisung 70.
Urteilszustellung.
— Wahlverteidiger 79.

Verdienst, übermäßiger
— Raumwucher 42.
Verdrängungsschaden 106.
Verfügung 36.
Vergällung 122.
Verhütungsmittel.
— Geschlechtskrankheit 118.
Verjährung.
— Rentenbetrug 125.
— Unterbrechung 129.
— Unterlassungsvergehen 69.
Verkaufskommission 10, 110.
Vermutungstatbestand.
— Branntweinmonopolgesetz 51.
Versailler Vertrag.
— Landesverrat 20.
Versicherungsbetrug 93.
Versuch.
— Branntweinmonopolhinterziehung 51.
— Meineid 120.
— Steuerhinterziehung 104.
Verteidigung.
— notwendige 7.
Verweisungsbeschluß 86.
Volksentscheid 2.
Vorentscheidung 28, 103.
Vorrätighalten.
— unzüchtige Schriften 116.
Vorsitz 3.
— Strafkammer 113.
— Vertretung 98.
Vorsitzender.
— Verhinderung 87.
Voruntersuchung 100.

Wahlfälschung 2.
Wahlverteidiger.
— Urteilszustellung 79.
Wahrheitsbeweis 25.
Wertersatz 14, 78, 121.
Widerruf.
— falsche eidliche Aussage 95.
Wucher s. Raumwucher.

Zeugenvernehmung 41.
Zollhinterziehung 102.

FSC
www.fsc.org
MIX
Papier | Fördert gute Waldnutzung
FSC® C083411

Kolibri 360 GmbH
Ferdinand-Jühlke-Straße 7
99095 Erfurt, Deutschland
produktsicherheit@kolibri360.de